HEYNE ⟨

Carolin Kebekus

Die Kölnerin wurde 1980 geboren und ist als Komikerin, Sängerin und Schauspielerin bekannt geworden. So sah man sie unter anderem in Comedy-Formaten wie *Quatsch Comedy Club, RTL Freitag Nacht News* oder *Die Sat.1-Wochenshow*. Ihre Comedyshow *Broken Comedy* (Pro7) wurde 2010 für den Adolf-Grimme-Preis nominiert. Für die RTL-Produktion *Kinder, Kinder* stand sie als Schauspielerin vor der Kamera, die Serie wurde 2007 mit dem Deutschen Comedypreis ausgezeichnet. 2011 erschien ihr Debütalbum »Ghetto Kabarett«, gleichzeitig ging sie mit ihrem erstem Bühnenprogramm »Pussyterror« auf Tournee.

Carolin Kebekus

Pussyterror

WILHELM HEYNE VERLAG
MÜNCHEN

Verlagsgruppe Random House FSC-DEU-0100
Das für dieses Buch verwendete FSC®-zertifizierte Papier
Holmen Book Cream liefert Holmen Paper, Hallstavik, Schweden.

3. Auflage
Originalausgabe 11/2011
Copyright © 2011 by Wilhelm Heyne Verlag, München,
in der Verlagsgruppe Random House GmbH
Mitarbeit: Lutz Birkner und Marc Löb
Redaktion: Dr. Annalisa Viviani, München
Umschlaggestaltung: Hauptmann & Kompanie, Zürich,
unter Verwendung eines Fotos von Philip Brohl
Satz: Greiner & Reichel, Köln
Druck und Bindung: GGP Media GmbH, Pößneck
Printed in Germany 2011

ISBN 978-3-453-60224-3

www.heyne.de

Für deine Mutter

Inhalt

Vorwort

Ja, ich habe ein Buch geschrieben. Sonst könnten Sie es ja auch nicht in Ihren Händen halten.

Ich habe das Buch geschrieben, weil ich das Bedürfnis danach hatte, und auch mein Arzt hatte mir dazu geraten. Er hofft, dass es sich gut verkauft, damit ich endlich meine Rechnungen bei ihm bezahlen kann. Es ist also quasi eine sogenannte Win-win-Situation für mich und meinen Arzt.

Aber auch für Sie liebe Leser. »Wat? Hä? Steht da etwa derselbe Schrott drin, den die Tante schon abends auf der Bühne faselt?!«, mag manch ein aufmerksamer Kunde einwenden. Weit gefehlt, junger Freund – denn *Pussyterror* ist nicht bloß mein allererstes Soloprogramm in Schriftform. Dieses Buch enthält auch Geschichten, die ich gerne auf der Bühne erzählen würde, aber nur im

Beisein meines Anwalts erzählen dürfte – und der kann nun mal nicht jeden Abend. Das Buch hat er mit mir so formuliert, dass uns keiner an den Karren pissen kann.

Also auch für Sie, der Sie mich schon live gesehen haben, eine Win-win-Situation, denn Sie bekommen ganz neue Storys aufgetischt. Und jetzt kommt das Verkaufsargument Numero uno: Sie können sich mein Liveprogramm abends im Theater anschauen, sich danach hemmungslos besaufen, ohne Angst zu haben, alles wieder zu vergessen, was ich erzählt habe, denn Sie können die wesentlichen Teile am nächsten Tag in diesem Werk nachschlagen!

Seltsam? Aber so steht es geschrieben.

Ihre Carolin Kebekus

Sitzen mit Witzen

Ich habe neulich was erlebt, von dem ich dachte, das hast du zum Glück endlich hinter dir. Ich hatte seit Langem wieder einen Auftritt, bei dem die Leute nicht freiwillig zu mir gekommen sind, sondern im Publikum saßen, weil sie nix Besseres zu tun hatten und weil ihr Alltag noch langweiliger ist als das, was ich von mir gebe: Ich bin in einer JVA aufgetreten. JVA steht nicht für Jägerverein Aachen, sondern für Justizvollzugsanstalt. Also Knast, Bau, Kittchen, Gefängnis.

Es ist ja nun mal so, jeder, der vor einem Publikum auftritt, hat dasselbe Ziel: Egal ob im Stadion vor 50 000 Menschen, in kleinen Clubs oder wie Roberto Blanco bei einer Baumarkteröffnung, alle wollen, dass das Publikum aus freien Stücken zu einem kommt und sich möglichst kaputtlacht ... Also, im Fall von Roberto Blanco ist es nicht so toll, wenn sie sich kaputtlachen, bei mir schon. Aber ich kann Ihnen sagen, es dauert eine Weile, bis das Ding einmal rund läuft. Das war zumindest bei mir so. Bei meinen ersten Auftritten waren mehr Personen auf der Bühne als im Publikum. Und noch mal zur Erinnerung: »Ich bin alleine unterwegs!« In der nächsten Phase waren es immer so um die zwanzig Leute, aber nach drei, vier Auftritten hatten meine Freunde dann auch keinen Bock mehr, sich meine Witze wieder und wieder anzuhören.

Man nutzt am Anfang einfach jede Möglichkeit aufzutreten und erlebt dabei Momente, bei denen man sich erschießen möchte und sich fragt, warum man nicht einfach was Vernünftiges gelernt hat.

Zuerst ist man unfassbar stolz, weil man beim »Open Air Humorfest« auftritt, und vor Ort stellt man fest, dass es einfach nur ein pupsiges Straßenfest mit drei Bierständen ist, die von allen acht Besuchern des Straßenfestes schon so gut besucht wurden, dass die Hälfte von ihnen bereits unter dem Kinderschminkstand eingeschlafen ist.

Man wird also vom Moderator/ortsansässigen Frisör und Schützenkönig angekündigt mit den Worten: »Jetzt kommt eine, die ist mal 'ne richtige Ulknudel (dieses Wort verursacht allein schon schlimmen Brechreiz), die eure Lachmuskeln strapazieren wird! Hier ist Caaaaroliiin Kiickski-buuuuu!«

Wenn man Glück hat, dann bekommt den Auftritt einfach niemand mit außer der stark angetrunkenen Oma, die alleine vor der Bühne steht und wartet, dass endlich ihre Enkelin mit der Ballettgruppe auftritt. Oder man wird während des Auftritts von Passanten gefragt, wo denn die Toilettenhäuschen sind ...

Und dann kam die Phase, die auch Roberto Blanco und seine alternden Schlagerkollegen kennen. Zwar bin ich noch nicht bei einer Baumarkteröffnung aufgetreten, aber dafür schon einmal in einem Flugzeughangar. »KABARETT-FESTIVAL IM HANGAR« hieß es. Wow! Im Endeffekt ist es so ähnlich wie bei »ROBERTO BLANCO IN DÜSSELDORF«, man muss immer auch das Kleingedruckte lesen: »ROBERTO BLANCO IN DÜSSELDORF im Toom-Baumarkt«. Und so war es auch bei mir, das »KABARETTFESTIVAL IM HANGAR«, von dem ich natürlich all meinen zwanzig Freunden schon vorgeschwärmt hatte, war das KABARETTFESTIVAL beim stinknormalen Tag der offenen Tür im Flughafen Hof–Plauen. Vor mir ist ein Zauberer aufgetreten, der Luftballons für Kinder geknotet hat. Warum der sich Zauberer nennt, ist mir bis heute ein Rätsel. »Ich kann Luftballons nehmen und sie so lange mit sich selbst verknoten, bis sie aussehen wie verknotete Luftballons.« Er hätte mit einem Stift dranschreiben sollen, um was für ein Tier es sich handelt, das hätte geholfen. Außerdem hatten alle Anwesenden einen Tinnitus von der Luftballonquietscherei, die er vor einem angeschalteten Mikro durchgezogen hat. Und nachdem er mir den Weg bereitet hatte, durfte ich dann vor die Familien treten. Jedes Kind hat fröhlich mit seinem geknoteten Tier weitergequietscht, die meisten von ihnen saßen nicht bei ihren Müttern, sondern direkt bei mir auf der Bühne und schauten mich mit riesigen, unschuldigen Kinderaugen an. Ich stellte mir, als ich da so vor den Familien stand, die Frage: »Was genau hast du noch mal im Programm, das jugendfrei ist?« Nun, die Antwort fiel recht kurz aus – NICHTS.

Es gibt einen Kollegen aus Hamburg, dem ist so was scheißegal. Der sagt sich, der Veranstalter weiß, wen er sich da auf die Bühne geholt hat, und zieht seinen Stiefel eiskalt durch. »So, ihr Drecksblagen, runter von der Bühne und Ohren zuhalten. Der Onkel erzählt jetzt eurer Mama, wie das mit dem klitoralen Orgasmus und der Fella-

tio am besten funktioniert und wie man Cola-
flaschen wieder aus dem Rektum entfernt, ohne
dass man sich ernsthaft verletzt.« Ja, aber dem
Kollegen aus Hamburg ist es auch egal, wenn er
mit Bierflaschen und Frittenschalen beworfen
wird. Ich glaub, da wird der erst richtig geil. Ich
bin da etwas anders gestrickt.

Wic soll ich das sagen, es bremst schon etwas
aus, wenn man sich über idiotische Kindernamen
wie Jacqueline lustig macht und auf einmal fünf
Mädchen im Publikum anfangen zu weinen, weil
sie denken, sie seien gemeint. Aber auf irgendeine Weise waren selbst diese Menschen freiwillig bei meinem Auftritt oder zumindest freiwillig
im Flughafen.

Wie gesagt, die meisten Menschen kommen
freiwillig zu meinen Auftritten, es sei denn, ich
trete in einer JVA auf. Denn ja, auch dort wird
für die Insassen Programm gemacht. In diesem
Fall war es so ein Kulturförderprogramm, das hieß
»Länger sitzen mit Witzen« oder so ähnlich. Warum Programm für die Insassen einer JVA gemacht
wird? Na ja, weil denen manchmal ... oft ... immer langweilig ist. Mein Management meinte:
»Mach das doch mal, Carolin. Das ist doch 'ne su-
perneue Erfahrung.« Tolles Management – Loch
im Kopf ist auch 'ne Erfahrung. Brauch ich aber

auch nicht. Ich habe mein Leben lang darauf hingearbeitet, nicht in den Bau gehen zu müssen (siehe auch Kapitel »Who's ya Daddy?« oder alles, wo mein Vater seine Finger drinhat), und dann marschier ich freiwillig da rein. Ich muss schon sagen, am Anfang hatte ich ein bisschen Schiss. Man weiß ja nie, was da so passiert. Ich hab damals alle Folgen »Hinter Gittern« gesehen, und ich kann mir Schöneres vorstellen, als die nächste Geisel von »Walter« zu werden und von ihm offiziell zu seiner neuen Leckschwester geschlagen zu werden. Sicher, andere sind auch schon im Knast aufgetreten. Die Jungs von Metallica zum Beispiel, doch die sind groß, zu viert und tätowiert. Aber ich muss sagen, als ich erst mal da war, wurde es dann richtig nett. Ich habe mich fast wie zu Hause gefühlt. Jetzt nicht im übertragenen Sinne, sondern wirklich wie zu Hause. Ich habe nämlich viele von meinen alten Kumpels aus der Grundschule wiedergetroffen und wohlgemerkt, nicht weil sie eine Karriere als Wärter gemacht haben. Es war wie ein kleines Klassentreffen.

Und weil ich mich so gefreut habe, sie alle wiederzusehen, habe ich auch schon direkt bei der ersten Begrüßung den ersten Fauxpas gerissen: »Ey Mensch, das gibt's doch nicht. Wir haben uns ja schon lange nicht mehr gesehen. Was macht ihr denn jetzt so? Wo habt ihr denn die letzten Jahre bloß gesteckt?« ... Die Frage war echt noch blöder als diese Scheißfernsehquizfragen:

Was ist ein italienisches Dessert?
a) Tiramisu?
Oder
b) Hirschgulasch?

Wo habt ihr denn die letzten Jahre bloß gesteckt?
a) Wir waren auf sehr langen Reiterferien
   auf Amrum!
Oder
b) Im Knast, du Arsch?

Ja, man muss wirklich ein bisschen umdenken, wenn man im Knast auftritt. Mein Programm musste ich auch anpassen. Ich hab einfach einiges weggelassen. Ich konnte ja schlecht da rausgehen und sagen:
»Boah, kennt ihr das, im Wald spazieren gehen? Superspießig.«
Oder
»In den Urlaub fahren? Superstressig.«
Oder
»Wie blöd ist es bitte, wenn man sich selbst ausgesperrt hat? Superärgerlich.«

Das hätte sich vor Gefängnisinsassen irgendwie falsch angefühlt. Auch den sonst so harmlosen Tipp zum Abschluss: »Leute, kommt gut nach Hause!«, habe ich lieber weggelassen. Na ja, aber alles in allem war mein Auftritt in der JVA ein Erfolg. Ich glaube, es hat allen gefallen. Sie sind immerhin alle bis zum Schluss geblieben.

Knattern, Kotzen und Kamelle – Karneval in Köln

Ich weiß nicht, woher Sie kommen oder wo Sie dieses Buch lesen. Ich komme aus Köln, der Stadt, die mit Fug und Recht von sich behaupten kann, die größte Alkoholikermetropole Deutschlands zu sein. Wir haben aber auch zwei triftige Gründe zum Saufen: zum einen den 1. FC Köln und zum anderen den Karneval. Der FC war gefühlt schon immer da und gab schon meinem Großvater und meinem Vater wöchentlich mehr als einen Grund, sich mit Ansage die Lichter auszuschießen. Hinter vorgehaltener Hand wird in Köln immer wieder die Verschwörungstheorie geteilt, dass der FC von den führenden Brauereien durchweg bestochen wird, beschissen zu spielen, damit der Alkoholkonsum in der Stadt Woche für Woche steigt. Damit man sich an den spielfreien Tagen auch zuschütten kann, haben die Kölner kurzerhand den Karneval erfunden. Ja, aber natürlich alles unter dem Deckmantel der Kultur! Karneval ist Tradition! Karneval ist Brauchtumspflege! Ja und Karneval ist auch einfach eine gute Gelegenheit für junge, verpickelte, ungebumste männliche Jungfrauen, endlich mal unkompliziert am Geschlechtsverkehr teilnehmen zu können. Es ist wirklich so. Wenn Strauss-Kahn gewusst hätte, wie gut und günstig man an Karneval an was zu knattern kommt, hätte er die sauteure Suite niemals gebucht.

Als Mann reicht es in den »tollen Tagen« aus, sich einfach in die Ecke einer überfüllten Kneipe zu stellen und kurz zu warten, bis eine rotzevolle Krankenschwester oder Prinzessin (oder auch Zimmermädchen, Herr S.-K.) mit ausgestreckter Zunge breitbeinig durch die Menschenmenge zu ihm gespült wird und sich animalisch an ihm schubbert. Soziologen sprechen von sogenannten innergaststättischen Schlampenwanderungen. Nur bevor Sie, liebe männliche Leser, schon auf gepackten Koffern sitzen, sollten Sie doch verstehen, dass auch diese scheinbar primitive Kultur einem Brauchtumsreglement unterliegt. Dieses Reglement sieht vor, dass man die begattete Frau nicht mit nach Hause nehmen darf. Merken Sie sich das unbedingt. Die begattete Frau darf nicht mit nach Hause genommen werden. Ein solches Vergehen wird ähnlich streng geahndet wie das verpönte Wildpinkeln. Beides liegt in der Natur des Menschen, aber man darf es nicht mehr. Das Reglement besagt, dass man die benutzte Frau wieder da hinstellt, -hängt oder -legt, wo sie einem in die Arme gespült wurde. Denn: Die andern wollen auch noch mal! Ja, als echter Kölscher teilt man Freud und Leid.

Das Leid hat ja dann sowieso erst später die Frau zu tragen, wenn sie versucht zu eruieren, wer der potenzielle Vater des Karnevalsnachwuchses sein könnte. »Darth Vader – ja wirklich. Der musste die Maske anbehalten, sonst hätte der keine Luft bekommen.« Irgendwann wird sich die Mutter auch den Fragen ihres Kindes nach dem Vater stellen müssen.

»Ja, Luke, das ist so. Der Papa ist damals mit dem Taxi zum Flughafen, weil der den Todesstern zu Ende bauen musste; wenn er damit fertig ist, kommt er wieder. Das hat er mir versprochen, Luke.«

Nur dass kein falscher Eindruck entsteht: Karneval ist nicht das Fest, an dem Kölner oder Zugereiste wahllos und unerkannt ihren Samen verteilen können, ohne dabei unbeschadet davonzukommen. »Ein guter Kumpel« (so fangen immer die Erzählungen an, in denen man den Protagonisten gerne öffentlich demütigen würde, es aus unerklärlichen Gründen aber doch nicht macht) hatte an Weiberfastnacht einen absoluten Toppschuss abgeschleppt. (Er nannte sie Roller Girl, denn Namen tun an Karneval nichts zur Sache.) Die Bedauernswerte war, in pinken Hotpants und Top als Roller Girl verkleidet, stark alkoholisiert geradewegs in die gierigen Hände meines Kumpels gestolpert. Jedoch hatte sie noch so viel Kontrolle über sich selbst, dass sie den Geschlechtsverkehr im Lokal verweigerte und die Bedingung stellte, ihre Wohnung als Begattungsstätte auswählen zu dürfen. Da das natürlich laut heiliger karnevalistischer Schrift verboten war, hat Gott diese kleine Sünde sofort bestraft. Es ist nicht überliefert, wie das närrische Schäferstündchen verlief. Die Erinnerungen meines Kumpels setzen erst viel später wieder ein, nämlich ungefähr um 4 Uhr morgens, als er mit einem bestialischen Brummschädel neben seinem pinken Roller Girl erwachte. Roller Girl war nach einem vierstündigen Ausnüchterungsschlaf zu einer amtlichen Kopie von Cindy aus Marzahn mutiert. So gesehen ein Segen, dass die Erinnerungen an den Beischlaf abhanden gekommen waren. Habe ich erwähnt, dass mein Kumpel als Bob der Baumeister kostümiert war? Nein, Cindy und Bob den Baumeister möchte man sich beim besten Willen nicht beim Kopulieren vorstellen. Auch ob im Dirtytalk ein »Schaffen wir das?« – »Jaaaaaaaaaa! Wir schaffen das!!!!!« gestöhnt wurde, will ich nicht wissen!

Und wer dabei war, kann nur das einzig Richtige machen und klammheimlich aus der Wohnung fliehen. Leider wohnte Cindy in einem ehrenwerten Haus, dessen Haustür zwischen 22 und 7 Uhr morgens abgeschlossen wurde; was Bob den Baumeister vor die Entscheidung stellte: Tod durch Erfrieren im Treppenhaus oder reumütig in die fleischigen Arme des ehemaligen Roller Girls zurückzukehren. Leider hatte Bob auf seiner Flucht völlig außer Acht gelassen, in welchem Stockwerk er die letzte Nacht verbracht hatte, und da sein One-Night-Stand weder »Roller Girl« noch »Cindy aus Marzahn« an der Klingel stehen hatte (ihren wirklichen Namen wusste er nicht, denn Namen tun an Karneval nichts zur Sache, Sie erinnern sich), musste er sich aufs Übelste von zehn Mietparteien beschimpfen lassen, bis ihm schließlich ein pinkes Walross mit verschmiertem Kajal unter den Glupschaugen die Tür öffnete. Mit einem genuschelten »Ich wollt Brötchen holen, aber die Tür ist abgeschlossen« kehrte er an den Ort der Katastrophe zurück und wurde von Cindy für so viel Treue mit einer zweiten Runde Bunga–Bunga belohnt.

Die Geschichte ist nun zwei Jahre her, und ab und zu lachen wir darüber, wenn Bob der Baumeister die gemeinsame Tochter Paulina bei Cindy abholen darf. Gerne auch am Aschermittwoch, denn da ist Cindy oft krank und hat Depressionen. So geht es mir auch oft, wenn das schlechte Gewissen und unmenschliche Übelkeit Hand in Hand einem den ersten Tag der Fastenzeit zur Hölle machen.

Man läuft wie ferngesteuert umher und erkennt seine geliebte Heimat kaum wieder, denn die ganzen Straßen sind voller Kotze. Und wenn Petrus mitspielt, dann regnet es wochenlang nicht, und die Kotzflecken bleiben und sind als solche gar nicht mehr richtig zu erkennen. Manch einer bleibt dann stehen und denkt sich bei dem Anblick: »Oh, schön … Schau mal …, was hat denn da ein Straßenkünstler auf den Asphalt gezaubert … Mein Gott, es ist ja fast ein Relief … Ist das vielleicht … die Mona Lisa? Dann sind diese roten Erhebungen ihre Lippen? Nein, es ist Paprika!!!

Und dennoch mach ich mir dann Gedanken über den Menschen, der sich dort erbrach. Wo ist dieser Mensch jetzt, was mag er gedacht haben, als ihm die Drei-Uhr-Nacht-Pizza zum zweiten Mal den Gaumen streichelte? Es scheint Ihnen vielleicht befremdlich, doch wenn ich in einer fremden Stadt fern der Heimat auf der Straße einen Flecken Erbrochenes sehe – dann bekomme ich Heimweh. Heimweh nach Karneval und Köln.

Who's ya Daddy?

Es gibt in meinem Leben nur einen Mann, den ich bedingungslos vergöttere – also neben Bret »The Hitman« Hart: meinen Vater. Das hat weniger damit zu tun, dass Töchter ihre Väter grundsätzlich toll finden. Mein Vater könnte auch Abschmecker im Klärwerk sein, er wäre für mich trotzdem Gott, denn mein Vater ist der abgewichsteste und durchtriebenste Gauner, der mir je untergekommen ist. Sie sagen jetzt vielleicht: »Moment – wie kann sie denn darauf stolz sein, dass ihr eigener Vater ein Gauner ist?« Kann ich, denn der Gauner hat einen entscheidenden Vorteil: Er arbeitet für mich!

Vielleicht muss man als Erklärung dazusagen, dass mein Vater nicht aus niedrigen Beweggründen der Gaunerschaft zugehörig ist. Nein, in seiner Welt hat er edle Motive. Er ist sparsam.

Mein Vater würde sich niemals eine neue

Waschmaschine kaufen. In bester MacGyver-Manier würde er aus einem Transistorradio, einer Nähmaschine und einem Vibrator eine neue Generation Lavamat erschaffen. Aber neu kaufen? Eher friert die Hölle zu.

Meine gesamten Spielsachen wurden auf dem Flohmarkt gekauft. Ich kann mich noch sehr genau an meine erste Barbie erinnern, denn sie hieß nicht Barbie, noch nicht mal Petra, sondern Olga. Olga sah auch nicht im Entferntesten aus wie Barbie. Sie war drei Köpfe größer und hatte ein beeindruckendes Schwimmerkreuz. Olga erinnert mich heute an Olivia Jones nach einem ultimate Fight. Die Haare zum Teil ausgerupft und mit der Nagelschere zu einer Art DDR-Frauenknast-Frisur korrigiert. Und um zu unterstreichen, dass Olga eine geschlechtsreife Barbie-Kopie war, hatte meine Vorbesitzerin ihr mit Edding im Genitalbereich einen amtlichen Busch Schamhaare gemalt. Das war nicht schön, wenn ich mit meinen Freundinnen Barbie spielen wollte. Olga war nicht nur viel zu groß geraten, ich glaube, sie roch auch schon ein bisschen. Weiß der Teufel, in welchem usbekischen Kinderhaus meine Vorbesitzerin sie in die Mülltonne geschmissen hatte.

Was ich damit sagen möchte: Mein Vater ist nicht nur ein sparsamer Mensch, sondern er denkt sehr pragmatisch. Als Olga einmal ihr Bein verlor, machte mein Papa doch tatsächlich ihren Hersteller in Ungarn ausfindig und schickte das abgebrochene Bein samt Beschwerdebrief ein. Überflüssig, zu erwähnen dass die Gebühr für den Brief der Empfänger zahlen musste. Nach einem Monat geschah dann tatsächlich das Unfassbare. Olgas neues Bein wurde geliefert. Fabrikneu, original verpackt und schwarz. Schwarz! Man hatte mir statt des Beins einer weißen Olga die Gliedmaße einer schwarzen Puppe geschickt! Das war schrecklich! Nicht nur, dass meine Olga mit der neuen Prothese aussah, als ob sie ein Raucherbein hätte. Mich quälte der Gedanke, ob jetzt in Afrika ein trauriges schwarzes Kind mit dem weißen Bein an ihrer Roberta-Blanco-Puppe genauso verzweifelte.

Mein Vater konnte die Aufregung keinesfalls auch nur im Geringsten nachvollziehen. »Wat willst du dann? Dat Püppscher kann doch stonn. Dann treck dem Ding doch ne Botz aan, dann süht dat keiner. Dat mät ding Mam ooch, wenn se sisch de Beine nit rasiert hät.« Toppargument, Papa. Topp! Nachdem ich ihm in einem hysterischen, weltunterganggleichen Heulanfall versucht hatte zu erklären, dass meine Olga aufgrund der miserablen Transplantation eines falschen

Spenderbeins zu einer Persona non grata in allen Kinderzimmern dieser Welt verkommen war, machte mein Vater das, was er immer in Krisensituationen tat. Er lud mich und meinen Bruder zum Bratwurstessen ein. Bratwurst ist gut für die Seele. Das hilft bei meinem Vater auch im Fußballstadion. »Wenn der FC Dress spillt, es isch en Woosch, dann jeht et mir widder joot.« Wenn mein Vater uns zum Bratwurstessen einlud, studierte er vorher kurz die Wochenbeilage der Zeitung, um herauszufinden, wo gerade eine Baumarkteröffnung stattfand oder ein Pfarrfest gefeiert wurde. Da nahm man schon mal gerne eine längere Autofahrt in Kauf, um bei Möbel Porta oder der Pfarrgemeinde St. Severin eine kostenlose Bratwurst mit Senf und Brötchen abzugreifen. Sie denken jetzt bestimmt: »Boahh, ist das peinlich!« Finden Sie? Wie finden Sie das denn: Wir hatten immer vier verschiedene Outfits im Kofferraum, die wir Kinder nacheinander anziehen mussten, um genug Bratwurst abzugreifen, damit meine Mutter eine ganze Woche Bratwurst wegtuppern konnte. Und die absolute Steigerung war, dem Typ am Grill die rohen Würstchen aus den Rippen zu leiern, damit wir am nächsten Tag frische Bratwurst hatten!

Ob das nun schon Betrug oder eher eine harmlose Variante des Mundraubs war, weiß ich nicht. Im Vergleich zu dem, was mein Vater fünfzehn Jahre später brachte, waren unsere Bratwurst-ausflüge Peanuts. Ich war in meine erste eigene Wohnung gezogen und hatte einfach vergessen, den Strom anzumelden. Und so nutzte ich über Monate die Energieversorgung, ohne einen Cent zu bezahlen, bis es mir auffiel und mich das schlechte Gewissen plagte. Ich fragte meinen Vater um Rat. Der konnte die Situation sofort klar und deutlich einschätzen. »Wat willst du denn? Lass se doch kommen. Wenn mir jemand jeden Daach ene Sack mit Jeld vor de Dür stellt, dann frooch isch doch ooch nit, wat dat sullt.« Gut, das klang irgendwie einleuchtend. Sollten sie doch kommen ... Sieben Jahre später wollte ich in eine größere Wohnung ziehen, und natürlich hatte sich nichts an der Tatsache geändert, dass ich unerlaubt unbezahlten Strom zockte. Seit sieben Jahren. Das fliegt doch jetzt alles auf! Wie hoch ist die Rechnung nach sieben Jahren. Geht man dafür in den Knast? Wen hätte ich fragen sollen. Wer kennt sich mit so was aus? Die Nummer von Bret »The Hitman« Hart hatte ich nicht, also gab es nur einen Superhelden, der infrage kam: Papa – the Gangster – Kebekus. Kebekus senior hörte sich mein Problem an und hatte sofort eine Lösung parat. »Pass op. Der Ali schuldet mir noch ene Gefalle. Isch jeb dem 20 Euro, denn treckt der sich 'ne Blaumann aan, und dann kütt der bei disch vorbei und kloppt dat Ding ens aaf.« Mir ist alles aus dem Gesicht gefallen. Nicht mal Bret »The Hitman« Hart wäre auf so eine durch und durch kriminelle Lösung meines Problems gekommen. Ach, was sag ich – selbst Vito Corleone hätte so einen Auftrag nicht über die Lippen gebracht. »Ja wat häs du dann jedacht? Willst du dene die janzen Rechnungen bezahle? Den Verbreschere!!! Die Halsabschneider! Für dat bissje Strom?« Liebe Rheinenergie in Köln: Ich habe die Rechnung auf Heller und Pfennig beglichen. Bleiben Sie ganz ruhig. Und sollten sie irgendwo abgeschlagene Stromkästen vorfinden – das kann der Ali nicht gewesen sein. Der sitzt gerade. Er ist dabei erwischt worden, wie er in der Straße meines Vaters versucht hat, alle Parkuhren abzusägen und im Vorgarten unserer Nachbarn zu verbuddeln.

Man kann über meinen alten Herrn sagen, was man will, aber langweilig wird es nie mit ihm. Er schafft es immer wieder, mich zu überraschen. Als der vierzigste Geburtstag meiner Mutter anstand, gingen wir durch die Stadt, und mein Vater erwähnte, dass er noch ein Geschenk kaufen wolle. Ich suchte in meiner Handtasche nach einer Haarnadel, weil ich es gewohnt war, dass wir einen Ring aus dem Kaugummiautomaten fischen würden. Stattdessen steuerte mein Vater zielstrebig einen sauteuren Juwelier an. Ich wollte schon protestieren in dem Sinne, ich musste jahrelang mit Olga spielen, und Mama bekommt das teure Geschmeide. Aber es war ja für Mama und somit würde es irgendwann mir gehören. Mein Vater betrat den Laden, schaute sich interessiert um, bedankte sich und steuerte nach nicht mal einer halben Minute wieder den Ausgang an. »Was sollte das jetzt werden?«, fragte ich perplex. »Och, isch hatte hier links e bissje Scheiße am Schoh, un der Juwelier hatte so schön dicken Teppischboden.«

Nicht dass jetzt der Eindruck entstanden ist, mein Vater würde einfach Dinge zerstören und nichts reparieren. Das Gegenteil ist der Fall! Mein Vater ist wirklich total hilfsbereit. Sobald irgendjemand Hilfe braucht, ist er zur Stelle. Noch besser ist es, wenn die Hilfe, die derjenige braucht, damit zusammenhängt, dass etwas kaputt ist, das mein Vater reparieren muss. Dann kann er nämlich seine Schätze auspacken, denn mein Vater ist süchtig nach Werkzeugen! Er hat Werkzeuge, die bräuchte eine gut laufende Schreinerei nicht mal in zehn Jahren. Manche dieser Schmuckstücke kamen bisher nur ein einziges Mal zum Einsatz.

Beispiel:

Wir helfen meiner Freundin Andrea beim Renovieren und kommen beim Bohren in eine Wand nicht durch. Ich ruf also meinen Vater an. Papa: »Kebekus?« Ich: »Hallo Papa, wir wollen hier ein Loch in die Wand bohren, aber der Bohrer ist irgendwie ... Tuut, tuut, tuut ... Hallo? Papa?«

Fast im selben Moment klingelt es an der Tür. Mein Vater ist da mit seiner Hilti. Nach drei Minuten haben wir mehr Löcher, als wir brauchten.

Mein Vater hat auch einen eigenen Kellerraum, den er zum Werkeln benutzt. Über die Jahre wurde das aber immer schwieriger, weil mein Vater sehr viele nützliche Dinge, ähm, Reste, ähm ..., Müll aufbewahrt. Also hat sich in der Mitte des Raumes ein Schuttberg angehäuft aus alten Schubladen, Brettern und keine Ahnung was sonst noch. Alle paar Jahre zieht er daraus irgendein Teil hervor, das er tatsächlich noch gebrauchen kann, um etwas Kaputtes zu reparieren (böse Zungen behaupten, er würde Dinge absichtlich zerstören, um sie dann zu reparieren), und somit hat sich der Schuttberg wieder fürs nächste Jahr egalisiert.

Mein Papa hat auch eine goldene Karte vom Praktiker, damit bekommt er Prozente!

Als ich umgezogen bin, sollte ich zum Praktiker fahren und mir die Leisten, die man in der Küche zwischen Arbeitsplatte und Wand klebt, angucken. Aber nur angucken! Nicht kaufen! Das würde er dann mit der goldenen Karte machen.

Ich fahr also hin und sehe: Eine Leiste kostet 0,75 Cent.

Das Benzin, das mein Vater und ich für die getrennte Fahrerei zum Praktiker ausgegeben haben, wurde durch die Prozente hoffentlich wieder reingeholt.

Egal welche Fehler oder Marotten unsere Väter haben, sie sind und bleiben für uns Frauen die tollsten Männer, die man sich vorstellen kann. An ihnen müssen sich leider alle unsere Freunde messen lassen, ob man es sich eingestehen möchte oder nicht. Das ist heute so, und das war schon der Fall, als ich ein kleines Mädchen war. Vater ist der Übermann. Er kann alles, weiß alles und ist eine Millionen Mal stärker als alle anderen Papas dieser Welt zusammen.

Als ich klein war, ist mein Vater immer ganz frühmorgens zur »der Arbeit« gefahren und kam erst spätabends nach Hause.

Das war für mich der beste Teil des Tages, ich hatte schon meinen Schlafanzug an, mein Brot mit Gesichtswurst gegessen und wartete auf meinen Papa, der immer im dunklen Anzug und langen Mantel zur Tür reinkam. Er kam von »der Arbeit«! Wow. Ich hatte keine Ahnung, was das ist, oder was er da tat, aber es musste verdammt wichtig sein.

Wenn ich also kein Fernsehverbot hatte, weil ich alle eingetupperten Bratwürste aufgefuttert hatte, durfte ich mit meinem Papa zusammen die *Sesamstraße* schauen und danach, wenn es richtig gut lief, noch die *Tagesschau*.

Dabei saß ich ganz nah neben ihm und hielt mich an seinem Arm fest. Die *Tagesschau* war das Fenster zur Welt für die Erwachsenen. Ich habe nie verstanden, um was es da ging, aber ich merkte immer, wenn über ein bedeutendes Ereignis berichtet wurde. Dann sagte mein Vater zu mir, schau genau hin, da wird gerade Geschichte geschrieben. Das war so bei der Todesnachricht von Barschel, aber auch bei freudigen Ereignissen wie dem Mauerfall. Mein Vater und ich waren dabei, als »diese Geschichte geschrieben wurde«.

In jeder *Tagesschau* gab es auch Berichte aus dem Bundestag. Da sah man den dicken Mann mit Brille, der so schlimm nuschelte, und jede Menge andere große, schlaue Männer in dunklen Anzügen.

Aha! Das ist also diese »Arbeit«, wo alle Papas

jeden Tag hingehen! Wahnsinn. Endlich wusste ich, was mein Papa den ganzen Tag auf »der Arbeit« machte.

Während die Mamas zu Hause sind und den Kindern Brot mit Gesichtswurst machen, beschloss mein Vater mit den anderen wichtigen Männern wichtige Sachen. Zum Beispiel, wie wird das Wetter die nächsten Tage, wer bringt nächste Woche den Müll raus, und wohin fahren wir nächstes Jahr in Urlaub.

Ich habe die Welt im Innersten erkannt.

Mein Papa ist für mich immer noch der schlaueste Mensch der Welt. Und wenn er mal etwas nicht weiß, dann weiß er zumindest, wo er es billiger bekommt.

Mein dunkelstes Geheimnis

Ich habe ein dunkles Geheimnis. Nein, ich hatte als Kind keinen Starschnitt von Dieter Bohlen in meinem Kinderzimmer. Nein, ich habe auch noch nicht nachts um halb zwei nackt im DSF Tennis gespielt. Ich sagte, ich habe ein dunkles Geheimnis, nicht dass ich total bescheuert bin.

Es ist furchtbar, doch ich kann mit der Lüge nicht länger leben: Ich bin keine richtige Kölnerin. Isch bin kein kölsches Mädschen! Ich bin … ich bin nämlich in Bergisch Gladbach geboren, jetzt ist es raus.

In meinem Personalausweis steht also unter Geburtsort nicht Köln, sondern: Schäbbisch, Gläbbisch! Das ist mein Trauma! Das verfolgt mich in meinen Träumen. Das ist der Makel, der mir anhaftet. Sie werden sich jetzt denken: Bergisch Gladbach? Da kommt man doch nicht her. Da werden

Futterpflanzen angebaut. Heidi Klum kommt daher, aber doch kein normaler Mensch aus Fleisch und Blut. Das ist keine Stadt, das ist ein Feldweg! Und ich werde Sie nicht in die Schranken weisen, denn Sie haben ja recht.

Viele Menschen, denen ich meine Lebenslüge bereits erzählt habe, sagen dann immer: »Mein Gott, Carolin, da kann man nun mal nichts machen. Wenn deine Eltern nun mal aus Schäbbisch Gläbbisch kommen, dann ist das halt so.« ABER DAS IST ES JA!!!!!! Meine Eltern kommen nicht aus Bergisch Gladbach! Sie kommen aus Köln! Sie haben sogar direkt NEBEN einem Krankenhaus gewohnt! In Köln wohnen und dann nach Bergisch Gladbach fahren, um sein Kind zu gebären? Was soll das? Jemand, der in einer Papierfabrik arbeitet, holt sich sein Kopierpapier ja auch nicht in der Alu-Stanzerei nebenan. Ein Förster fährt auch nicht mal eben in die Stadt, um zu gucken, ob sich die Wölfe wieder angesiedelt haben. Und ein Palästinenser reist nicht nach Tel Aviv, um dort in der Disco seinen Geburtstag zu feiern. Also: WARUM?! Eine Zeitlang war meine Ausrede, dass mein Vater die Fahrt nach Bergisch Gladbach sowieso antreten wollte, weil im dortigen Baumarkt die 18er Dübel im Sonderangebot waren. Wer meinen Vater kennt, hätte dann auch nicht weiter nachgefragt.

Ich habe immer gedacht, wenn so eine Geburt mal losgeht, dann hat man Schmerzen und schreit und will, dass das Kind möglichst schnell geholt wird. Und was machen meine Eltern? Sie fahren, als die höllischen Qualen der Wehen losgehen, erst einmal 'ne halbe Stunde bis nach Bergisch Gladbach raus!

Aber ich schwöre, ich war nur eine Stunde da! Nach der Geburt bin ich sofort nach Köln zurückgerobbt, und meine Mutter habe ich an der Nabelschnur hinter mir hergeschleift.

Ich habe meine Mutter schon oft zur Rede gestellt, sie an einem Stuhl festgebunden, ihre nackten Fußsohlen an eine Autobatterie angeschlossen und sie immer wieder ganz ruhig gefragt: WARUM?????!!!!!! Und meine Mutter meinte dann immer nur: »Ne, Carolin, dat Krankenhuus direkt nebenan, dat war nit juut. Da wollt isch nit hin.« Ahhhhhhh!!! Das Krankenhaus ist nicht gut? Was ist das denn für eine Erklärung? Jesus ist in einem Stall zur Welt gekommen, und die hatten damals auch kein Sagrotan. Der ist ins feuchte Stroh geplumpst, und dann hat Josef mit einem rostigen Taschenmesser die Nabelschnur durchtrennt. Und? Hat es ihm geschadet? Nein, der hat es trotzdem zu was gebracht! Der wäre steinalt geworden, wenn da nicht irgendwann Fremdverschulden ins

Spiel gekommen wäre. Aber nein! Bei Carolins Geburt hätte ja alles Mögliche passieren können.

So ein kleiner Sauerstoffmangel wäre mir ehrlich gesagt scheißegal gewesen. Den hätte ich in Kauf genommen! Das wär bei mir auch überhaupt nicht aufgefallen. Ich war als Kind nämlich potthässlich! Ich war fett und hatte keine Haare …, also auf'm Kopf nicht, sonst überall. Die Ärzte, die mich geholt haben, mussten echt zweimal hingucken: »Hm? Nachgeburt oder Baby? Sagen wir mal Baby.«

Meiner Mutter war nicht nur während der Schwangerschaft schlecht, sondern auch als sie mich nach der Geburt zum ersten Mal im Arm hatte. Und als sie mich zum ersten Mal meinem Vater in die Arme gegeben haben, hat der nur gesagt: »Oder doch lieber 'nen Hund?!« Ich war das einzige Neugeborene, das in der Realität genauso scheiße aussah wie auf den Ultraschallbildern. Nichts konnte man bei mir erkennen. Auf den ersten Fotos, die meine Mutter mit mir im Arm zeigen, hält sie mich verkehrt herum, presst meinen Arsch gegen ihr Gesicht und schaut entschuldigend in die Kamera.

Meine Mutter ist nach dem ersten Schock bestimmt ganz stolz mit mir über den Markt gefahren und hat mich den Leuten präsentiert:

»Mensch, Frau Kebekus, wat isset denn? Isset ein Junge, oder isset ein ... O mein Gott, ich muss kotzen. Nun machen Sie doch bitte eine Decke drüber. Mir ist schlecht.« Ich war so hässlich, meine Mutter ist mal mit mir in den Bus eingestiegen, da sagte der Busfahrer: »Bah, wat is dat denn fürn hässlicher Vogel?« Meine Mutter war völlig schockiert und hat sich in der letzten Reihe versteckt. Ein alter Mann hat sie dann unterstützt und gesagt: »Junge Frau, das ist ja eine Unverschämtheit, was der Fahrer zu Ihnen gesagt hat! Jetzt gehen Sie aber mal zu dem hin und sagen ihm ordentlich die Meinung! ... Ich passe auch so lange auf ihren Affen auf.« Rückblickend bin ich meinem Vater dankbar, dass er nicht auf die Idee gekommen ist, mich auf einem Jahrmarkt an eine Freakshow zu verkaufen. Denn so eine hässliche Kölnerin, die in Bergisch Gladbach geboren wurde, hat die Welt noch nicht gesehen.

So, jetzt wissen Sie Bescheid: Als Baby war ich hässlich wie die Nacht, und ich bin ein kölsches Mädchen aus Bergisch Gladbach. Wären diese Zeilen mit Tinte geschrieben, meine Tränen hätten sie verschmiert.

Mein Ghetto

Jeder kennt das, man hat etwas Schönes direkt vor seiner Nase, aber man kann es trotzdem nicht erreichen. Ein Angestellter seine schöne Chefin. Ein DSDS-Gewinner die große Karriere im Musikgeschäft. Der Löwe im Zoo den kleinen Jungen hinter der Panzerglasscheibe. Guido Westerwelle etwas Würde, Oliver Pocher die Liebe von Harald Schmidt, Michael Ballack einen Meistertitel mit Bayer Leverkusen. So ähnlich geht es mir auch. Ich bin zwar in der schönsten Stadt am Rhein, in Köln (der eine oder andere Düsseldorfer mag das anders sehen), aufgewachsen, aber irgendwie auch wieder nicht. Denn ich bin auf der Schäl Sick groß geworden. Das ist der Moloch, da wohnen der Antichrist, die Asozialen und auch ich. Und die Schäl Sick ist quasi die Bronx von Köln. Ähnliche Ghettos gibt es überall in deutschen

Großstädten, und in diesen Vierteln findet sich reichlich Nährboden für solche Lieder wie der »Arschficksong«, »Cordon Sport Massenmord« oder schlicht »Bums mich«. Die Lieder beschreiben den Alltag in einem Ghetto eigentlich ziemlich detailliert. Lieder wie »Die rote Sonne von Barbados«, »Schön ist es auf der Welt zu sein« oder »Wenn Mutti früh zur Arbeit geht« hört man bei uns eher seltener. Ich bin also quasi so was wie de kölsche Bushido. Obwohl, eigentlich müsste es dann ja eher Muschido heißen. Oder Bus(c)heido, das ginge auch noch.

Ich will mich nicht »streetkredibiler« machen, als ich bin, aber das Leben in der kölschen Bronx kann echt hart sein. Diese heile Welt, die einem jeden Nachmittag bei »Mitten im Leben« vorgegaukelt wird, die gibt es nicht. Versuchen Sie mal, fünf Tage hintereinander auf die Sonnenbank zu gehen, ohne sich den Hintern zu verbrennen. Völlig unrealistisch! Das ist schon ein Fulltimejob, dann muss man noch mit dem Kampfhund einmal Gassi gehen, damit der in der Einzimmerwohnung nicht komplett durchknallt. Das nimmt am Tag locker zehn Minuten in Anspruch, und dann muss man auch noch allen Klischees gerecht werden! Keiner kann mehr genau sagen, was denn nun wirklich vorher da war: das Leben im Ghetto oder die Ghettosongs. Beschreiben diese Raps wirklich, wie das Leben im Assi-Viertel ist, oder geben sie nur vor, wie man sich im Ghetto zu verhalten hat?

Aber eben diese Songs, in denen nur gebumst, verkloppt und in den Arsch gefickt wird, hört der Ghettonachwuchs schon in seiner Antilopengruppe, während er seine Sankt-Martins-Laternen bastelt. Mit diesen lieblichen Klängen im Ohr geht es dann schließlich mit fünf Jahren direkt vom Montessori-Kindergarten auf die harten Straßen. Und ähnlich wie die wilden Tiere in der Steppe Afrikas schließen sich die kleinen Ghettokids direkt zu Gruppen zusammen. Denn gemeinsam ist man stark. Und wenn dann zwei von solchen untenrum noch unbehaarten »Gangs« auf der Straße aufeinandertreffen, wird es schmutzig, richtig schmutzig. Und es wird vor nichts, aber auch vor gar nichts haltgemacht! Da wird selbst das Allerheiligste in den Schmutz gezogen. Der Erste öffnet die Büchse der Pandora mit:

»Deine Mutter!« (BÄÄÄÄÄM! Die Schlacht ist eröffnet!)

Darauf der andere: »Gar nicht, deine Mutter!« (Was für ein Konter! À la bonne heure)

»Deine Mutter klaut bei KiK!« (Rumms. Der hat gesessen.)

»Na und, deine Mutter steht im KIK und schreit: Ich bin noch billiger.« (Sehr gut! Beleidigung aufgegriffen und verfeinert!)

»Na und, deine Mutter klaut Freibier.« (Jetzt bewegen wir uns langsam in die Gefilde der Denunzierung.)

»Na und, deine Schwester hat angerufen, deine Mutter hat sich losgerissen, jetzt frisst sie das ganze Heu auf!« (Ein weiterer Körpertreffer ...)

»Na und, Alta, die Dönerbude hat angerufen, deine Mutter dreht sich nicht mehr.« (Uiuiuiui ..., von dem muss man sich erst mal erholen.)

Das geht so lange hin und her, bis einer von den Jungs schließlich sagt: »Halt die Fresse, Alta, isch bin deine Mutter!« (Oh, der Gegner taumelt ...)

Und die ganz Schlauen setzen sogar da noch einen drauf: »Ne gar nisch, Alta, isch bin deine Mutter, du Hurensohn!«« (Doch dies ist der finale Todesstoß. Keine weiteren Gegenargumente!!! Sieg!!!)

Aber irgendwann kommt dann die Zeit, in der die kleinen »Gangster« flügge werden. Dann nehmen sie neben der eigenen Mutter und den Müttern ihrer Feinde auch noch andere weibliche Exemplare wahr, die ihre geilen Ärsche durch das Ghetto schieben. Und da die Jungs bei ihrer ersten scheuen Kontaktaufnahme mit dem anderen Geschlecht im Alter von sechs, sieben Jahren noch nicht so viel Erfahrung haben, gehen sie es langsam an und versuchen es auf die niedliche Art. Erst neulich hatte ich so ein Exemplar auf der Straße hinter mir. Er hat es mit folgender Anbahnung eines Gesprächs bei mir versucht: »Ey Mädschen! Guck doch ma bitte!« – »Ey Mädschen, guck mal: mein Schwanz ist sooooo groß.«

Gut, das war jetzt nicht gerade die feine englische Art, aber wer will es ihnen verübeln! Sie quatschen halt irgendwas und wissen gar nicht, was sie da sagen. Sie plappern einfach nach, was sie bei den größeren Jungs und ihren Vätern gehört haben. Ein kleiner Struppi hat mal zu mir gesagt:

Er: »Isch schicke Ddsch. Isch schicke disch, du Uhrensohn. Und isch schicke deine Mutter.«

Ich: »Okay. Wohin?«

Er: »In den Arsch!«

Ich: »Fein, du schickst mich Uhrensohn also in den Arsch. Sagst du mir denn noch, wann du mich da wieder abholst?«

Die meisten Menschen in Deutschland kommen gar nicht in den Genuss einer solchen Anmache, denn in weiten Teilen der Republik wachsen Kinder ja eher behütet auf. Die Jungs tragen geputzte Slipper und die Mädchen Rüschenröckchen. In der Pubertät kommen dann die Jungs zu den Mädels, sind total nett und lassen mit ihren ersten Anmachsprüchen ihren Charme spielen:

»Na, woher kennen wir uns nicht?«

Oder: »Schlaf mit mir, wenn ich mich irre, aber wolltest du mich nicht gerade küssen?«

Aber mein Favorit ist: »Sag mal, hast du dir eigentlich wehgetan, als du vom Himmel auf die Erde gefallen bist?«

Wann hat dieser Spruch bitte jemals funktioniert? Gibt es irgendwo auf der Welt eine Frau, die darauf gesagt hat: »Echt!? Glaubst du ehrlich, die Engel haben mich im Himmel gemacht? Nein, Mann, es hat gar nicht wehgetan. Voll nett von dir …, komm ich blas dir einen.«

Nein, da lobe ich mir doch die Jungs auf der Schäl Sick, die dichten nicht lange rum, die kommen direkt auf den Punkt. Zu mir hat mal einer gesagt:

»Ich glaube, es gibt Krieg, Baby.«

Und ich: »Warum?«

»Mein Säbel juckt.«

»Dann würde ich den Säbel vielleicht mal wieder waschen.«

In den letzten Jahren machen deutsche Ghettos und damit auch meine geliebte Schäl Sick leider immer mehr negative Schlagzeilen. Die Berichte über Jugendkriminalität in diesen Vierteln häufen sich. Aber warum ist das so? Warum sind die Kids heutzutage so aggressiv? Und warum sprechen diese aggressiven Jugendlichen alle so schlecht Deutsch, diese Assis? Sehr wahrscheinlich, weil es alles Ausländer sind! So hat es sich auf jeden Fall der feine Herr Sarrazin zurechtgelegt. Er macht es sich ganz einfach und behauptet schlicht, Ausländer kämen schon aggressiv zur Welt! Richtig so, Herr Sarrazin. Sarrazin? ... Sarrazin? Das klingt jetzt aber auch nicht gerade arisch. Meine Meinung ist, der macht sich mit seiner billigen Hetze einfach nur die Taschen voll. In seinem Buch *Deutschland schafft sich ab* stützt sich Sarrazin fast ausschließlich auf Statistiken, auf Berechnungen. Das heißt, der Mann hat am normalen Leben gar nicht teilgenommen. Gibt es eigentlich auch eine Statistik, wie viel man für Volksverhetzung bekommt? Ich meine jetzt nicht wie viel Kohle auf das Bankkonto, sondern wie viele Jahre in den Knast. Oder hat Deutschland das auch abgeschafft? Diese ganze Debatte war so ein Schlag in die Fresse für alle, die schon so lange hier leben und dieses Land mitgeprägt haben. Tja, ich muss sie leider enttäuschen, Herr Sarrazin: Alle Kinder, über die ich hier gesprochen habe, waren Deutsche: Justin, Marvin, Cetin, alles Deutsche. Ich bin echt froh, dass nicht alle Deutschen –

und vor allem nicht alle Politiker – so denken wie der Sarrazin. Das darf ich jawohl noch hoffen! In der Schweiz sind sie noch härter drauf. Da haben sie eine Volksabstimmung gemacht und eine sogenannte Ausschaffungsmaßnahme beschlossen. Damit können die Schweizer ihre Ausländer schneller ausschaffen. Ekelhaft. Ausschaffungsmaßnahme? Das klingt für mich ein bisschen wie Abtreibung: »Guten Tag, ich habe einen Termin für eine Ausschaffung. Ich möchte mir meine Ausländer wegmachen lassen.« Wie ist das überhaupt? Wenn keine Ausländer mehr in der Schweiz sind, wie viele »Schweizer« sind denn am Ende überhaupt noch übrig? Drei? Dann läuft da doch bald gar keiner mehr zwischen den Bergen rum. Und wenn sie dadurch zu wenig Einwohner haben und die Geburtenrate erhöhen müssen, wie nennen die das dann? Anschaffungsmaßnahme? Am Ende müssen die noch ein paar Nutten aus Tschechien einfliegen lassen, um die Löcher zu füllen. Obwohl die Schweizer, die sagen bestimmt nicht Nutte. Die sagen: Dame mit Penetrationshintergrund.

Hoffentlich kommt es hier nicht so weit. Wir Deutschen sind nun mal schon längst Multikulti. Was soll die ganze Aufregung? Wenn Mulitkulti gescheitert wäre, dann müsste sich doch als Allererstes die Nationalmannschaft auflösen! Wenn mir einer sagt, Multikulti sei gescheitert, dann ist das für mich eine Beleidigung. Ich bin so aufgewachsen. Ich habe von dem Reichtum profitiert. Und ich würde jederzeit wieder so aufwachsen wollen – mit den kleinen Gangstern, den unverschämten Anmachsprüchen und dem gebrochenen Deutsch, das gehört nun mal alles dazu.

Und wenn man will, dass die Jugendkriminalität in Deutschland und vor allem in den Ghettos wieder sinkt, dann muss man sich um die Jugendlichen kümmern und ihnen eine Zukunft ermöglichen, hier in Deutschland. Wer ist denn bitte schön in Deutschland noch so richtig deutsch? Also ich nicht. Bei mir sind auch ein paar Polen drin. Und ich find's geil so.

Jesus sieht alles

Ich bin katholisch. Früher war das mal etwas, womit man punkten konnte, wenn man sich beispielsweise bei Leuten vorstellte, die einen Babysitter brauchten. Heute wäre das der Grund für eine klare Absage. Ob Sie es hören wollen oder nicht, liebe konservative Kirchenanhänger, die Zeiten haben sich nun mal geändert. Was früher undenkbar gewesen wäre, ist heute die harte Realität: Man kann sein Kind fast schon besser von verurteilten Verbrechern in der JVA-Stammheim unterrichten lassen als im katholischen Domspatzen-Internat. Bei einem Deutschlehrer, der Hass auf seinen Fingerknöcheln tätowiert hat, weiß man wenigstens, wen man vor sich hat, was man von den Männern in Schwarz mit der ruhigen, bedächtigen Stimme leider nicht mehr behaupten kann. Das Vertrauen in die Kirche ist jetzt vielerorts völlig im Arsch (ich weiß, dafür muss ich mindestens drei Vaterunser runterbeten). Und was sind die drakonischen Strafen, die die Kirche wegen der vielen schwerwiegenden Anschuldigungen gegen ihre eigenen Leute verhängt? Nein, sie haben keinen geteert und gefedert wie früher im Mittelalter die Hexen, und um Gottes Willen sie haben auch niemanden entlassen. Viel besser, die Kirche hat »fast sofort« einen Missbrauchsbeauftragten aus ihren eigenen Reihen ernannt. WAS? Einer aus der Kirche wird zum Missbrauchsbeauftragten? Keine Polizei? Die regeln das intern? Die nehmen die Aufklärung selbst in die Hand? Das ist ein bisschen so, als hätte die Mafia einen Betonbeauftragten. Oder als hätten die Kölner Verkehrsbetriebe nach dem Einsturz des Stadtarchivs einen Tunnelbeauftragten benannt: »Nee, nee, mir brauchen keine Polizei. Mir regeln dat intern. Et hätt noch immer joot jejange. Und jetzt entschuldijen Sie misch bitte, isch muss dem Pitter jerade mal helfen, die Stahlträjer auf seinen Hänger zu laden.«

Aber so ist es nun einmal, die Kirche erlaubt sich – zwar in unregelmäßigen Abständen, aber doch sehr zuverlässig – einen Bock nach dem anderen, und man kann nichts daran ändern. Das Einzige, was man machen könnte, ist austreten.

Aber glauben Sie, das juckt die? »Wir haben die Kebekus verloren, ruf sie mal an und frag, was wir ändern sollen. Sie war so ein treuer Kunde. Die sieht man ja eher nicht mehr.«

Man könnte einer anderen Religion beitreten. Oder, wie man heute sagt, »den Anbieter wechseln«. Der Islam zum Beispiel hat auch ein paar coole Features, und die haben auch 'ne gute Flatrate nach ganz oben. Gott heißt dann Allah, sonst ändert sich nix. Und der Islam hat durchaus so seine Vorteile: Als Frau müsste ich mir keine Gedanken mehr um meine Frisur machen. Die sieht man dann ja eh nicht mehr. Und als Typ hat man im Himmel sogar 72 Jungfrauen. Auf der anderen Seite – als katholischer Priester hat man die schon zu Lebzeiten ... Hmh Zwickmühle. 72 Jungfrauen im Himmel? Ich weiß nicht? Ist das so cool? Ich hätte da als Mann nicht so viel Bock drauf. Jedes Mal: »Nee, nicht da rein! ... Aua, da tut's aber weh! ... Machst du bitte das Licht aus? ... Liebst du mich auch wirklich?« Und das 72-mal? Find ich nicht so prall. Und was gibt's für die Mädels im Himmel? 72 männliche Jungfrauen, ja vielen Dank! Abspritzen im Maschinengewehrtakt. Zack, fertig! Nächster! Zack, fertig! Nächster! Zack, fertig! Nächster! Zack, fertig und so weiter. Und überhaupt, wie teilt man sich bitte

72 Jungfrauen für die Ewigkeit auf? Heute noch zwei, dann bleiben siebzig für immer und ewig?

Ich hab auch schon mal daran gedacht, Hindu zu werden. Nach der hinduistischen Lehre ist jedes Lebewesen einem endlosen Kreislauf unterworfen. Der Tod ist nicht das Ende, jeder wird wiedergeboren. Leider kann man sich nicht aussuchen, als wer – und noch schlimmer als was – man wiedergeboren wird. Deswegen tritt ein Hindu auch nicht einfach so auf eine Ameise. Es könnte ja der gerade verstorbene Onkel sein. Kommt natürlich immer darauf an, was man für ein Verhältnis zu seinem Onkel hatte. Ich finde den Gedanken, dass man wiedergeboren wird, im Prinzip aber sehr tröstlich. Bei meinem Glück werde ich allerdings bestimmt als Eintagsfliege wiedergeboren, die dann auch noch einen schlechten Tag hat. Absolut Chef ist man wohl, wenn man als Kuh wiedergeboren wird. Das ist ein Sechser im Lotto. Aber was ist, wenn man als Kuh nicht in Indien den Rücken massiert bekommt, sondern das Pech hat, bei Pro7 auf »der Alm« zu stehen, und Manni Ludolf oder Karsten Spengemann lutschen einem die Milch aus den Eutern? Herzlichen Glückwunsch!

Oder ich trete dem Buddhismus bei. Das ist ja die Religion für die, denen die anderen Religionen zu anstrengend sind. Allerdings ist Meditieren nicht mein Ding. Ich kann nicht lange still sitzen. Ich hab echt Hummeln im Hintern. Nach hinduistischem Glauben wahrscheinlich zwei Großtanten von mir. Hilfe, ich werde schon schizophren.

Dann gibt es da natürlich Scientology. Da sind ja immerhin ein paar Prominente dabei: der Travolta, der Cruise und die Holmes, um nur einige der Verstrahlten zu nennen. Es gibt einen sehr triftigen Grund, warum diese »Religion« für mich nicht infrage kommt: Diese »Religion« wurde nicht von einem Propheten, dem Sohn Gottes oder Buddha begründet, sondern von einem Science-Fiction-Autor. Hinzu kommt noch, dass dieser Gründer von Scientology, L. Ron Hubbard, ein Elektrometer erfunden hat, mit dem er das Schmerzempfinden von Tomaten messen wollte. Er hat behauptet, dass Tomaten schreien, wenn sie in Scheiben geschnitten werden. Und dann noch dieses stille Geburtsritual von Scientology: Mütter dürfen bei der Geburt nicht stöhnen und schon gar nicht fluchen. Geräusche oder Sprache gefährden die Gesundheit von Mutter und Kind. Ich möchte mal sehen, wie Tom Cruise es schafft, eine Wassermelone durch seinen Anus zu pressen, ohne zu fluchen. Und eines steht fest. Würde man das Schmerzempfinden der Wassermelone in diesem Fall messen, ich bin mir sicher, sie würde richtig hart fluchen, wenn sie durch den Darm von Tom Cruise wandert.

Tja, da der Mensch immer etwas braucht, woran er glauben kann, sucht er sich halt mittlerweile seine eigenen Götter. Würde man heute Leute fragen, wer damit gemeint ist, wenn man sagt: »Er hat seinen Sohn auf die Erde geschickt, um Wunder zu vollbringen und die Menschen zusammenzuführen«, würden die meisten rufen: »Steve Jobs, denn er hat uns das iPhone gebracht!«

Aber für mich gibt es keine Alternative zur katholischen Kirche. Nicht weil die anderen Religionen für mich nicht infrage kommen, oder weil ich bedingungslos hinter der katholischen Kirche stehe, sondern weil ich schlicht und ergreifend nicht austreten kann. Nicht weil ich Respekt vor Gottes Strafe hätte, ich habe vor jemand ganz anderem Respekt – vor meiner Oma. Meine Oma kommt aus Oberschlesien und ist ultragläubig. Ich kann ihr das nicht antun. Meine Oma ist die beste Oma der ganzen Welt, nur wenn es um Gott und vor allem um Jesus geht, dann hört der Spaß auf. Jetzt muss man wissen, oberschlesische Omas sind generell ein bisschen anders als eine herkömmliche deutsche Oma. Omas aus Oberschlesien sind die Deluxeversion Oma 1.0! Denn sie können schlesische Mohnkuchen backen, und die selbst gemachten Klöße meiner Oma waren das Einzige, was mich als schwer pubertierendes Mädchen davor bewahrt hat, magersüchtig zu werden!

Und Omas aus Oberschlesien haben auch nicht die typischen Hobbys, die deutsche Omas so haben. Meine Oma sammelt keine Briefmarken, sie häkelt keine Schals, und sie löst auch keine Rätselhefte. Nein, ihr Hobby ist die Religion. Während deutsche Omas sich mit 'nem Kissen ins Fenster legen und Falschparker anzeigen, geht meine Oma auf den Friedhof und hält das Grab sauber. Nicht einmal im Monat, nicht einmal in der Woche, nein, jeden Tag. Komisches Hobby, ich weiß.

Als Kind war ich oft in der Kirche, und abgesehen davon, dass es gähnend langweilig war, da die Performance des Pfarrers nicht gerade kindertheatertauglich war, hat es mir immer unheimlichen Spaß gemacht, laut zu singen. Der Hall in diesem riesigen, dunklen Gebäude hat mich total fasziniert. Die Kirche, in die wir gingen, war ein sehr moderner Bau aus Beton, der auf mich immer ein wenig bedrohlich gewirkt hat, aber die Akustik war top. Also hab ich es einfach so gemacht, als wenn ich bei uns zu Hause in den dunklen Keller musste. Um die Angst zu unterdrücken, habe ich ganz laut das Lied von Heidi gesungen, auch wenn die Gemeinde gerade eine Schweigeminute für alle Verstorbenen einlegte …

Das Gesinge bei den Katholiken fand ich also ganz okay, nur eine Sache machte mich immer fix und fertig. Die Geschichte mit Jesus.

Dieser Jesus, so wurde mir gesagt, sieht und hört alles, was ich mache, und sollte das in irgendeiner Art und Weise unartig sein, wäre er schrecklich enttäuscht und sein Alter Ego, das Jesuskind, würde schlimm weinen.

Das war für mich als Kind total schrecklich. Der sieht alles? Wo ist der denn?

Jaaaa, du warst nicht artig, das Jesuskind weint.

Uff, das wollte ich doch gar nicht.

Jaaaaaaaaa, der sieht alles! Und du warst so unartig, dass das Jesuskind krank wird.

Waaaaaaas???

Jaaaaa, du warst sooo unartig, der Jesus ist sogar für dich gestorben!

Was für eine Schuld …

In unserer Kirche hing ein über drei Meter großer ausgemergelter Jesus am Kreuz mit allen Features: Dornenkrone, Nägel in Händen und Füßen und Wunde unterm Herzen. Und überall war Blut gemalt, es lief über sein Gesicht, seine Hände und Füße und aus der Wunde an den Rippen.

Es sah aus wie bei *Nightmare on Elmstreet*.

Ich starrte also manchmal diese Jesusfigur an und war davon überzeugt, dass er jeden Augenblick die Augen öffnen würde. Um langsam den Kopf in meine Richtung zu drehen, seine Hand mit dem Nagel aus dem Balken zu reißen, mit zitterndem Finger auf mich zu zeigen und mit donnernder Stimme der Gemeinde mitzuteilen, dass ich sündige Sechsjährige gestern Abend meinem kleinen Bruder unartigerweise ins Gesicht gefurzt hatte. Ich sang so laut das Lied von Heidi wie noch nie. Für mich war es völlig unverständlich, warum ich mir nicht *Poltergeist 4* angucken durfte, aber es natürlich in Ordnung war, das Leiden Jesu in vollem Umfang vorgebetet zu bekommen. Am besten noch als Gutenachtgeschichte. Guten Abend, gut Nacht ... lalalalaaaa ... Und morgen früh, wenn Gott will, wirst du wieder geweckt ...Was? Und was ist, wenn er keinen Bock hat? Lässt er mich dann einfach krepieren?

Jaaaaaa! Jesus sieht alles, was du machst, auch nachts! Und vom Masturbieren wird man blind.

Bitte? Das sieht der auch?

Jesus ist ein ganz schöner Spanner!

Masturbieren ..., hm. Stimmt, das Wort klingt irgendwie nach Sünde. Was für ein blödes Wort. Masturbieren, bah, wie klingt das denn? MASTURBIEREN!.

MAS TUR BIER EN.

Na ja, wenigstens kommt BIER drin vor.

Nach Spaß klingt es jedenfalls nicht. Es klingt eher nach einem Arbeitsvorgang am Fließband ... »Ich habe jahrelang in der Masturbation gearbeitet, bis ich schlimme Rückenschmerzen bekommen habe.« Oder: »In der Masturbation ist ein Fehler aufgetreten!« Oder: »Nein, das Material ist noch ganz rau, da muss noch mal drübermasturbiert werden.«

Das ist echt ein schreckliches Wort. Warum ist das so? Bei Jungs ist das natürlich wieder anders. Fürs Wichsen gibt's eine Milliarde schöne Begriffe: von der Palme wedeln, den Lurch würgen, sich einen kloppen, einen runterholen, einen schleudern, einen über die Alpen schleudern, den Kasper schnäuzen, die Kobra melken, Mutter Handfläche und ihre fünf schönen Töchter, fünf gegen Willi, dem Arbeitslosen die Hand schütteln, Rendezvous mit Grete Faust, Mützeglatzemützeglatze, Mützeglatze Schneemann ... Und bei Mädels? MASTURBIEREN! Wir haben nur *ein* dämliches Wort. Obwohl, das stimmt gar nicht, ich hab mal gegoogelt und noch ein Synonym gefunden: »die Hölle putzen«. Na super, die Hölle putzen ... Das haben sich doch bestimmt wieder irgendwelche katholischen Mönche ausgedacht, während sie sich an einem Hexenfeuer 'ne Zigarre angezündet haben. »Frau Sünde putzt sich die Hölle, das ist gut. Leg noch mal Feuer nach, die Hexe brennt nicht richtig.«

Jedenfalls kann ich heute eins sagen: Ich weiß nicht, ob das Jesuskind alles sieht, aber ich habe immer noch die allerfeinsten Adleraugen. Na ja, bleib ich halt katholisch. Ich bin ja Gott sei Dank kölsch-katholisch. Das ist so 'ne gemäßigte Form. Wir lassen die Messe weg und gehen direkt zum Frühschoppen. Und einmal in der Woche wird die Hölle geputzt.

Wenn der Dildo den Gameboy ersetzt – meine Pubertät

Aber was bedeutet es denn, eine Frau zu sein, und wie wird man überhaupt eine?

Okay, ich weiß, die Entwicklung zur Frau findet in der Pubertät statt.

Machen wir uns nichts vor – die Pubertät ist scheiße. Und zwar scheiße für alle Beteiligten. Zum einen für diejenigen, die gerade den schlaksigen Schritt von der Kindheit zum Erwachsensein vollziehen müssen, zum anderen für diejenigen, die nachvollziehen müssen, was dieser pubertierende Kotzbrocken, der eben noch ein süßes Kind war, gerade durchmacht. Eins kann man sich gleich aus dem Kopf schlagen: Man kann die Pubertät als Erwachsener nicht nachvollziehen, weil sie einem im Nachhinein selber total peinlich ist und man jahrelang bemüht war, alles zu vergessen. Oder schauen Sie sich gerne Fotos aus Ihrer Pubertät an, Sie ehemalige Pickelfresse in zu großen Scheißklamotten? Fotos, auf denen Sie aussehen, als ob sie bei C&A alles, was keiner haben wollte, vom Wühltisch gerissen hätten und auf der Flucht vor einen Säurelaster gelaufen wären? Nein! Bei einen Unfall schaut man ja auch lieber weg. Nur ist die Pubertät ein einziger Unfall, und man blamiert sich stündlich. Eine schreckliche Zeit.

Die ersten pubertären Kämpfe an der Liebesfront wurden eigentlich stets auf den sogenannten Bluespartys ausgefochten. Eine Bluesparty war nichts anderes als ein Kindergeburtstag für Dreizehnjährige. Nur peinliche Partyspiele wie »Topfschlagen«, »Blinde Kuh« oder »Würstchen von der Leine lutschen« wurden aus dem elterlichen Partykeller verbannt. Stattdessen lungerte man knapp zwei Stunden mit seinesgleichen in einer Ecke herum, begutachtete, was der Markt an Jungen an diesem Abend zu bieten hatte, und rannte jede Viertelstunde aufs Klo, um sich frisch zu machen. Frischmachen hieß damals, den von der Mutter »geliehenen« Eyeliner nachziehen und das rosa Billigdeo in dicken Schichten unter die Achsel und auf das zaghaft knospende Dekolleté aufsprühen. In nur einer Stunde roch es dann in Meiers Partykeller wie in einem siamesischen Männerpuff. Süßer Parfümgestank, gemischt mit jugendlichem Angstschweiß. Geschwitzt haben wir alle, denn die Jungs hatten von ihren Vätern alle Tricks gelernt. Wenn die Party nicht so ins Laufen kam, wurde heimlich die Heizung auf gedreht, damit sich jeder der überflüssigen Kleidungsstücke entledigte.

Eine Art Werben um uns Mädchen war noch nicht wirklich auszumachen, dennoch gab es eine indirekte Form des Balzens. Zu Musik von Nirvanas »Smells like teenspirit«, Guns n' Roses »You could be mine« oder »Enter Sandman« von Metallica tanzten die Jungs Pogo. Dabei ging nicht nur gelegentlich das Interieur zu Bruch, manche Beulen und Schrammen wurden stolz als Trophäen notdürftig verarztet. Wir Mädels fanden das natürlich total albern und gleichzeitig total süß, wenn der blonde Mickey quer durch den Raum stolperte und sich den Kopf an der rostigen Kellertür aufschlug, dass das Blut nur so spritzte. Das war irgendwie süß. Man darf nicht vergessen, dass wir damals mit dreizehn wirklich nichts auf den Partys tranken. Das kam erst zwei Jahre später. Warum jeder Fünfzehnjährige seine Alkohollaufbahn mit Apfelkorn beginnt, wird wohl für immer ein Rätsel sein. Für die Jungs gab es so viel

Cola, wie sie wollten – »Krass, krass, krass, Frei-cola vorm Schlafengehen. Voll verboten!« –, und die jungen Damen durften ihre empfindsamen Mägen mit einer alkoholfreien Bowle füllen. Alle wussten, dass in der Bowle kein Tropfen Alkohol enthalten war, nur dem leicht dämlichen Anwaltssohn Wolfgang sagten wir, dass in der Glasschüssel eine ganze Flasche Wodka schwamm. Wolfgang, nicht nur ein Dämel, sondern im Großen und Ganzen damals schon ein Großkotz vor dem Herrn, bildete sich also im Laufe des Abends ein, dass er nach fünf Gläsern Bowle rotzevoll sein musste. In der Konsequenz verlor er die Beherrschung über seinen Harndrang und erbrach sich zudem auch noch hinter dem Kellersofa. Da er diese Scham nicht ertrug – schließlich war er hoffnungsvoller Anwaltssohn –, versuchte er, einen Freitod zu wählen, der doch eher ungewöhnlich war und einem echten Rockstar gut zu Gesicht stand, nämlich an seinem eigenen Erbrochenen zu ersticken. Das versuchte er, indem er sein Gesicht immer wieder für eine Minute in die Kotze tunkte und dann nach Luft ringend wieder auftauchte. Außer brennenden Augen und Ekelausschlag an der Oberlippe deutete nichts darauf hin, dass Wolfgang auch nur ansatzweise in das ewige weiße Licht am Ende des Tunnels blickte. Dafür war er aber am nächsten Montag das Gesprächs-thema auf den Schulhöfen von mindestens drei weiterführenden Schulen.

In den Anfangszeiten der Bluespartys war oft-mals auch der Gastgebervater als Barkeeper und DJ in Personalunion zugegen. Ob man es wollte oder nicht. Der Vater passte auf. Es hätte ja al-les Mögliche passieren können. Das zum Beispiel jemand an seinem eigenen Erbrochenen erstick-te. Und geschlechtsreif waren wir eigentlich auch alle schon. Wie Bumsen geht, wussten wir aus Bio und geknutscht hatten die meisten auch schon mal. Vielleicht abgesehen vom pickeligen Dirk und der fetten Jutta. Die waren sogar noch Lippenjungfrauen. Aber das würde sich an die-sem Abend ändern. Nach zwei Stunden Rumgam-meln, Abchecken und Misterzählen legte dann der Gastvater laut lachend 'nen »Samentreiber« auf – eine Ballade, die er so nannte – und bot grunzend über seinen eigenen Witz seinem Sohn, der sich peinlich berührt wegdrehte, highfive an. Das Abklatschen wurde ihm wie so oft in den nächsten Jahren verweigert.

Die ersten Takte von Richard Sandersons »Dreams are my reality« schwirrten durch den tes-tosterongeschwängerten Partykeller, und zaghaft fanden sich die ersten Paare zum Stehbluestanzen zusammen. Stehblues ist, wie man vermuten möchte, ein langsamer Tanz. In der jungfräulichen Version stehen die beiden Tanzpartner mit ausgestreckten Armen wie Zombies sich gegenüber. Meist legte der Junge seine steifen Arme auf die Schultern des Mädchens, das wiederum wie ein Playmobilmännchen die Hände an den ausgestreckten Armen zaghaft an die Hüfte des Jungen legte. Das sah schon ganz schön bescheuert aus. Doch ein Tanz verlangt Bewegung, und so wackelte man im Takt der Musik in bester Untotenmanier von einem Fuß auf den anderen. Fortgeschrittene Klemmis schafften es, sich so mit dem Partner im Kreis zu drehen.

Diese Tanzform wurde dann ein bis zwei Jahre beibehalten, bis man sich an den Klammerblues herantraute. Der Stehblues hatte den Vorteil, dass man als Junge nur wenig erregt wurde. Man war eh darauf konzentriert, einigermaßen pässlich auszusehen. Also von Erregung keine Spur. Anders war es, als man zum Klammerblues überging. Für uns Mädchen war es einfach schön, in den Armen des Angebeteten zu liegen und übers Parkett zu schweben. Wer aber dem pickeligen Dirk aus Mitleid keinen Korb geben wollte, der war verdammt, mit seiner Nase auf Höhe von Dirks Achseln die Maxiversion von »I will always love you« von Whitney Houston zu überstehen. Dirk war ein heranwachsender junger Mann, und auch ihm passierte das Unkontrollierbare. Ausgerechnet als er mit der fetten Jutta zu Phil Collins »Groovy kind of love« klammerte, muss ihn wohl die Beherrschung über sein Glied verlassen haben. Anscheinend hilflos an die fette Jutta gepresst, erigierte er stattlich, und Jutta nahm es anders auf als erwartet. Anstatt dem Lustmolch eine zu pfeffern, nahm sie seinen Ständer als Kompliment und schob ihm unverfroren ihre dicke Zunge in den Hals. Dabei massierte sie seine Eier und drückte den Unglücklichen noch fester gegen sich. Dirk wusste nicht, wie ihm geschah, denn Juttas Zunge, angereicht mit Erdnussflipsspeichel, verschlug ihm nicht nur die Sprache, sondern vor allem den Atem. Panisch löste er sich aus dem Klammergriff, Juttas Zunge schnalzte aus seinem Rachen, und der törichte Dirk streckte die fette Jutta mit einem lucky Punch auf die Bretter.

Axel Rose trällerte den Refrain von »November Rain«, als Jutta literweise das Blut aus der breiten Nase schoss. Doch sie lachte, und das Blut tropfte von ihrem Kinn. Schneller als wir schauen konnten, stand sie wieder auf den Beinen und setzte mit einer Bewegung zu einem tödlichen Uppercut an. Dirk ging sofort K. o. und sank wie ein nasser Sack in die Arme von Jutta. Sie schleifte ihre Beute auf die Schlafcouch im Gästezimmer und verging sich an ihr.

Sie sagen, ekelhaft. Sie sagen, traumatisierend. In Ihrer Welt vielleicht. Dirk und Jutta sind immer noch zusammen und führen von außen betrachtet eine glückliche Ehe. Alle paar Jahre liegt bei mir eine Einladung im Briefkasten. Jutta und Dirk laden ein zu »Swing when you're horny«. Vielleicht ruf ich ja mal Wolfgang, den Anwaltssohn, an und fahre mit ihm zusammen in Juttas Swingerclub nach Köln-Zollstock. Aber nur, wenn sie »November Rain« von Guns n' Roses spielen.

Ich denke, Jutta und ich sind uns einig, für uns Mädchen war die Pubertät eine viel schrecklichere Zeit, als für die Jungs. Bei denen äußert sich das Heranreifen einfach in einem irrsinnigen Hormonstau, sie wollen einfach immer und überall alles begatten. Vierundzwanzig Stunden am Tag. Alles, was sie ansehen, wird zu Brüsten oder Ärschen. Jede noch so spießige Lehrerin wird in der Sekunde des Blinzelns zur nimmersatten Nymphomanin …

Und weil sie nicht zum Schuss kommen, onanieren Jungs in diesem Alter, als ob es das Letzte wäre, was sie am Leben halten könnte. Der Einstieg in die Wichsvorlagenmagazine sind aber nicht *Bravo* oder andere Jugendzeitschriften. Jungs, die sich mit zwölf zum ersten Mal das Horn schälen, greifen laut einer Umfrage bei meinem Bruder und seinem besten Freund auf die Modemagazine der Mutter zurück. Nicht der *Playboy*, sondern die *Brigitte* ist die wahre Sau! Bei besagter Umfrage kam übrigens heraus, dass erfahrene Onanierer, in diesem Fall Rechtshänder, immer die linke Hand benutzen, weil sie sich »fremder« anfühlt als die rechte. Der Gourmet aber setzt sich so lange auf seine Onanierhand, bis sie taub ist und sich dann vollkommen fremd anfühlt. Wahnsinn! Vielleicht hätten die Jungs sich auch mal auf ihren Kopf setzen sollen, dann hätten sie wenigstens das Gefühl gehabt, jemand anders hätte die Fünf in Mathe geschrieben.

Bei den Mädels meiner Generation äußerten sich die ersten Anflüge der Pubertät darin, dass die Pferdeposter in den Kinderzimmern gegen Bilder von David Hasselhoff ausgetauscht wurden. Ja, ich gebe es zu. Auch bei mir hing David Hasselhoff an der Wand, aber mit zwölf Jahren beschränkten sich meine Fantasien mit ihm noch auf gemeinsames Ponyreiten ohne Hintergedanken.

Zum Ausgleich hingen allerdings ebenso Bilder von Bret »The Hitman« Hart an meiner Wand, einem damals sehr bekannten Wrestler, der auf je-

dem Bild scheinbar eine komplette Flasche Oli-
venöl in den Haaren hatte und auch sonst eher
abschreckend aussah. Aber den wollte ich heiraten, Ponyreiten hätte mir mit ihm also nicht ge-
reicht, doch was ich genau von ihm wollte, wusste ich auch nicht. Sowieso ist man in dieser Zeit
sehr sprunghaft. Heute ist man Vegetarier, weil
die *Bravo* mal wieder eine Bildreportage über
schlimme Tiertransporte gebracht hat, morgen
isst man wieder Putenwurst zum Frühstück, weil
man in der *Bravo-Girl* gelesen hat, dass die gut für
die Figur ist.

Dementsprechend wechselten eben auch die
Poster an der Wand. Kurt Cobain konnte sich gar
nicht so schnell den Kopf wegschießen, wie er
mir schon wieder scheißegal war.

Außerdem haben wir ständig geheult, wegen …
tja. Wegen allem, vielleicht auch wegen dem Heu-
len an sich. Meine Tante sagte, wegen dem »pubertären Sehnen«, dafür fand ich sie scheiße. Wir
heulten ständig und zu jedem Anlass. Na gut,
meistens heulten wir zu »November Rain«. Ja,
auch Axl Rose hätte ich geheiratet. Ich weiß, heute ist er ziemlich fett geworden, aber in meinem
Kopf sehe ich immer noch diesen dünnen, rothaa-
rigen kleinen Kerl in seiner weißen Radlerhose....
Hui, Gott sei Dank sind die Neunziger vorbei.

Und irgendwann in dieser schlimmen Zeit wird man zur Frau. Es ist kein fließender Übergang, vom halb debilen Arschlochkind zum sexy Frauenvamp, Nein, es gibt einen ganz klar definierten Moment. Der Moment, in dem die »Sache« passiert. Und dann, in genau diesem Moment bist du 'ne Frau. Zack, bumm, peng.

Du hast also gerade noch mit deinen Barbies, ähm Olgas, gespielt (mein Bruder und ich haben immer genreübergreifend gespielt, also HE-MAN kam öfter mal bei Barbie vorbei, weil Skeletor ihn auf seinem Planeten angegriffen hat, und, was soll ich sagen, es war immer spannend ...). Und plötzlich bist du kein Kind mehr, sondern ein Mensch mit Menstruationshintergrund? Harter Tobak. Und man weiß überhaupt nicht, was abgeht. Etwas ... wird geschehen. Uah ...! Etwas sehr Beunruhigendes, von dem man nicht stirbt, obwohl es alle Anzeichen einer lebensgefährlichen Verletzung mit sich bringt.

Irgendwann bekommt man ... die ...Erdbeerwochen.

Aber das Schlimmste ist, dass diese »Sache« passiert, und man nicht weiß, wann! Es ist ja nicht so wie bei der Bundeswehr, von der du 'ne Einladung zur Musterung bekommst: Herzlichen Glückwunsch, nächste Woche Montag um Punkt 11 Uhr sind sie eine Frau.« Man weiß einfach nicht, wann man sie kriegt, die Erdbeerwochen. Bei uns gingen in der Schule immer so Gerüchte rum: »Haste schon gehört, die Cordula hat ihre Periode bekommen ... In der Schule ... beim Sport ..., in der weißen Leggings ..., als der Sportlehrer Hilfestellung gemacht hat ... Beim Handstandspagat!« Das war so schrecklich. Wir haben alle jeden Tag gebetet: »Bitte, lass es nicht in der Schule passieren!« Das sollte doch keiner mitbekommen. Das war ja alles so furchtbar peinlich! Bei meiner Freundin hat es die kleine Schwester irgendwie spitzgekriegt. Sie hat natürlich nicht verstanden, was das alles sollte. Da hat sie sich gedacht, da mache ich meiner großen Schwester doch mal eine Freude und male ihr ein schönes Bild. Auf dem Bild stand meine Freundin auf einer bunten Blumenwiese über einer roten Pfütze. Darüber stand: »Lisa hat Tage gekriegt!« Das wäre ja alles noch halb so schlimm gewesen, wenn die kleine Schwester das Bild nicht von außen an die Haustür geklebt hätte.

Ich erinnere mich noch genau, damals gab es doch diese Werbung: »Die Geschichte der Menstruation ist eine Geschichte voller Missverständnisse.« Bei mir gab es überhaupt kein Missverständnis. Ich war unter der Dusche und habe mir gedacht: »Okay, also entweder hier hat jemand ein Schwein geschlachtet, oder ich bin verdammt noch mal 'ne Frau.« Es war ein bisschen wie in dem Film *Carry*. Aber egal wie böse ich geguckt habe, es sind keine Messer durch die Luft geflogen ... Natürlich habe ich instinktiv nach meiner Mutter gerufen: »ICH STERBE! MAMA!!!« Aber im selben Moment dachte ich: »O nein, jetzt kommt bestimmt dieses berühmte ›Jetzt-bist-du-eine-Frau-Gespräch‹.« Dann heißt es, die Olgas wegpacken und 'nen BH kaufen gehen. Ich hatte von meinen Freundinnen gehört, dass diese Gespräche ausufern können in richtige Fruchtbarkeitspartys! Da wurde zusammen gequatscht wie bei Hanni und Nanni auf dem Carefreekarussell. Man ging zusammen ein Kleid kaufen, Menstruationslieder wurden gesungen, und bei einem guten Tee wurde über Stunden erklärt, was es bedeutet, jetzt eine Frau zu sein. Und am Ende bekommt man einen Strauß Spinat geschenkt. Hurra! Ich hätte jedem, der mir Spinat geschenkt hätte, den Kopf abgerissen. Aber meine Mutter kam dann natürlich, und sie hat so verständnisvoll reagiert, wie man es sich nur wünschen konnte. Sie hat gesagt: »Jau, jetzt haste die Scheiße auch.« Denselben Satz hab ich übrigens auch von ihr gehört, als ich meinen ersten Steuerbescheid bekommen hab: »Jau, jetzt haste die Scheiße auch.«

Wie: Jetzt hast du die Scheiße auch? Was ist das denn? Da habe ich mir dann doch ein richtiges Gespräch gewünscht! So 'nen Strauß Spinat würde ich auch nehmen ...

Es gab keine Party, sondern meine Mutter stattete mich mit dem nötigen fraulichen Werkzeug aus: Binden. Das waren damals nicht so filigrane Teile, wie es sie heute gibt – mit flexiblen Falten, trichterförmigen Mikroporen und 'nem Instant-Dry-Secure-Guard. Es gab damals auch keine Werbung, in der Frauen in flatternden Röcken debil grinsend durch die Gegend hüpften, weil ihre Binde so supi dupi leicht und frisch machte ... NEIN! Binden waren damals so groß wie Backsteine, riesige Biester! Tschernobylbinden! Ich habe die gesehen und sofort Angst gekriegt. Ich hab mir gedacht, wenn ich die trage, das macht doch Geräusche. Das muss ja bei jedem Schritt rascheln, wenn man geht. Deswegen bin ich immer gegangen wie ein Cowboy. Bei jedem Schritt habe ich gehustet, damit man das Rascheln nicht hört. Mein kleiner Bruder hat das riesige Verbandsmaterial natürlich auch gesehen und gesagt: »Warum muss denn die Carolin jetzt Windeln tragen?« Ultrapeinlich! Bevor er noch mehr fragen konnte, bin ich erst mal in mein Zimmer. Bis ich meine erste Binde angelegt hatte, waren die ersten Erdbeerwochen schon wieder vorbei. Das war voll kompliziert. Meine beste Freundin hat ihre erste Binde damals falsch herum angelegt – mit der Klebeseite nach oben. Da hat sie direkt auch ihr erstes Waxing gehabt.

Autsch.

Es hat bestimmt drei Stunden gedauert, bis ich das Biest angeschnallt hatte: »Okay, so fühlt sich das also an, wenn man endlich eine richtige Frau ist. Jippie ei yeah, Schweinebacke! Sperrt eure Söhne weg, eine neue Frau ist in der Stadt!« Ich war geschlechtsreif, und das konnte man sehen und von Weitem hören. Wenn ich hustend um die Ecke kam, war jedem sofort klar: »Die Kebekus hat die Scheiße jetzt auch!«

Damals war ich lange Zeit neidisch auf meinen kleinen Bruder, weil bei ihm zum Erwachsenwerden keine Blutstürze gehörten. Das hat sich dann aber schnell gelegt. So eine Scheiß-Eddie-Murphy-Stimme ist auch nicht gerade superangenehm. Außerdem blute ich lieber einmal im Monat in die Watteflügel, als ständig mit 'nem unkontrollierbaren Überraschungsständer rumzulaufen. Ich glaube, da hat der liebe Gott sehr viel Spaß dran, wenn er die Lottolatten an die kleinen Jungs verteilt. Lottolatte, weil man nie weiß, wann einen der Hauptgewinn erwischt. Es könnte in der

Schule an der Tafel passieren. Beim Klamottenkauf bei C&A, aber auch ganz überraschend am Grab bei einer Beerdigung. Auf dem KIKA haben sie in einem Zeichentrickfilm Tipps gegeben, wie Jungs in der Pubertät ihre Lottolatte am besten verstecken können. Ein Trick ist es, sich lässig an die Wand zu lehnen und dabei durch Anziehen des Knies die Lottolatte zu verdecken. Oder man macht es einfach so wie die Jungs in meiner Klasse damals … Nach der Mathestunde einfach sitzen bleiben und hoffen, dass es vorbeigeht. »Geht schon mal vor in die Pause, ich packe noch meine Sachen zusammen, das kann dauern … Was denn? Der Lehrer beendet die Stunde, nicht der Gong.« Wenn er ehrlich wäre, würde er natürlich sagen: »Der Ständer beendet die Stunde, nicht der Gong und erst recht nicht der Lehrer.«

Rückblickend kann ich mich nur bei meinen Eltern bedanken, dass sie all diese Peinlichkeiten von mir und meinem Bruder ertragen haben. Der Stachel scheint immer noch tief zu sitzen. Als unsere Nachbarn letztes Jahr Nachwuchs bekommen haben, hat meine Mutter nur gesagt: »Jau, jetzt habt ihr die Scheiße auch.«

Ich bin keine Frau

Manchmal habe ich große Zweifel. Ich weiß, die hat jeder Mensch mal, aber meine sind existenziell. Manchmal glaube ich, ich bin eigentlich keine Frau.

Nun, es ist schon alles da, was man braucht, und ich habe da körperlich überhaupt keine Zweifel, aber irgendwie fehlt mir das eine oder andere Gen. Im Grunde bin ich so was wie Pinocchio. Alles so vorhanden, wie es sein soll, aber es tut ihm nichts weh, wenn er irgendwo gegen rennt. Das war bei mir als kleines Mädchen auch schon so. Während die anderen Kinder Bäche heulten, weil sie eine Plastikschaufel gegen den Kopf bekommen hatten, rannte ich zum achtzehnten Mal mit dem Kopf gegen die Heizung in der festen Überzeugung, dahinter müsse es doch irgendwie weitergehen. Eine Marotte, die ich mir mit acht Jahren genauso abgewöhnte wie das Verzehren von Regenwürmern.

Heizkörper lasse ich auch heute nach wie vor in Ruhe, nur die Vorliebe für rohes Fleisch ist mir geblieben. Ein typisches ausgewogenes »Frauenfrühstück« zum Beispiel mit Joghurt, Früchten und Körnern krieg ich nicht runter. Ich brauche Fleisch! Mettbrötchen. Ja, vor allem zum Frühstück! Ein Brötchen mit zweifingerdick Butter und zweifingerdick Mett! Schön dick, am besten noch mit ganzen Zwiebeln. Wo ich herkomme, nennt man das Bauarbeitermarmelade. Lecker! Ich gebe zu, meine letzte Beziehung hat ein wenig darunter gelitten. Es war meinem Exfreund schon beim ersten gemeinsamen Frühstück anzumerken, dass er sich vorkam wie das nächste Schlachtopfer in einem billigen Zombiefilm. Er wollte mich nach dem Frühstück nie küssen! Er stellte mich sogar vor die Wahl: das Mett oder ich!

Ich habe natürlich Schluss gemacht ... Im Nachhinein müssen die drei gemeinsamen Jahre für ihn der blanke Horror gewesen sein. Ich sagte ihm, er solle sich nicht so anstellen. Nur weil er Veganer ist.

Manchmal komme ich mir echt ausgeschlossen vor, denn Dinge, die anscheinend jede Frau toll findet, interessieren mich einfach nicht.

Ich kann mit dem Welterfolg *Sex and the City* nichts, aber auch gar nichts anfangen. Hilfe, was ist denn verkehrt mit mir? Alle meine Freundinnen flippen bei jeder neuen Staffel aus, doch ich sehe nur vier ungebumste Gucci-Schlampen kurz vor den Wechseljahren, die zu viel Zeit haben zu reden und dabei Klamotten tragen, als hätten sie gerade 'ne Wette verloren! Da komm ich nicht mit. Auch hier fehlt allem Anschein nach einfach 'ne Synapse in meinem kruden Frauenkopf.

Damit steh ich allein auf weiter Flur. Das ist das Gleiche, als wenn ein Mann sagen würde, Fußball ist langweilig und primitiv.

In *Sex and the City* wird den Frauen eine ganz klare Information eingepflanzt: Sei dünn, und du kannst shoppen gehen. Und mit den Klamotten, die du shoppst, bekommst du alle Männer, denn um in diese Klamotten zu passen, musst du spindeldürr sein.

Das sind doch keine echten Frauen! Die Serie hat ein Schwuler geschrieben, der sich vorstellt, wie Frauen sein könnten ...

Wollen wirklich alle mit Ende vierzig immer noch darüber nachdenken, wie man am besten dünn wird? Das ist doch total stressig, ich hab da 'nen anderen Plan. Ich werde ab jetzt einfach so viel fressen, bis ich in die ganzen teuren Klamotten nicht reinpasse. Auf den Punkt an meinem vierzigsten Geburtstag. Dann ist Shoppen nämlich auch tabu.

Eine Frage, die ich mir schon ewig stelle: Wieso geht man bitte gerne shoppen? Shoppen ist doch eine notwendige Verrichtung. Wie ... ja, wie auf die Toilette gehen. Mir ist kalt, also kaufe ich mir eine warme Jacke. Ich habe verdaut, also gehe ich auf die Toilette.

Aufs Klo gehen kann wenigstens Spaß machen! Shoppen nicht.

Für mich ist Klamotten kaufen eine Tortur. Die Geschäfte sind überfüllt, und es ist so warm wie in einer türkischen Sauna, weil man immer zu dick angezogen ist, obwohl man ja weiß, dass man die meiste Zeit beim Shoppen eben nicht in der Kälte verbringt. Ich versuche also, den Aufwand so gering wie möglich zu halten und alles nur in einem einzigen Laden zu kaufen. Doch der muss erst mal gefunden werden! Meistens mache ich nur einen einzigen Schritt in den Laden und sehe mit einem 180-Grad-Scannerblick, dass es dort nur Scheiße zu kaufen gibt. Also will ich direkt wieder gehen, aber zu allem Überfluss dröhnt einem in solchen Läden so laute Technomusik von den Atzen ins Ohr, dass man aus Reflex anfängt, die Bar zu suchen, um ein Bier zu bestellen. Und wenn du gerade mal die Orientierung für dich gefunden hast, brüllt dir von der Linken eine untersetzte, süßlich nach Billigparfüm und Mädchenschweiß riechende Verkäuferin ins Ohr: »Hey Süße, soll ich dir mal was zeigen?« – »Nein, danke! Ich hab schon mehr gesehen, als du je vergessen kannst.« – »Hä? Wie jetzt? Du hast doch noch gar nichts anprobiert.« Und ehe du Orsay denken kannst, hat sie dich schon mit fünf Paar Röhrenjeans in eine viel zu kleine Duschkabine geschubst. Mit den mahnenden Worten »Probier die. Tu es! Die sind jetzt wieder total in. Zieh sie an!« reißt sie den Vorhang vor meiner Nase zu und hinterlässt mich in dieser 1 x 1 Meter großen Todeszelle. Töricht von mir zu glauben, ich hätte den Hauch einer Fluchtchance. Hinter dem Vorhang sehe ich die schattenhaften Umrisse der Verkäuferin. Wie einst Lynndie England in Abu Graib hat sie vor meiner Kabine Stellung bezogen.

Röhrenjeans! Welcher Vollidiot ist auf die Idee gekommen, die aus den Neunzigern wieder hervorzuholen! Ich verfluche dich! Das Schlimmste ist aber, dass diese Hosen auch für Jungs gerade »in« sind. Das sieht wirklich so was von erbärmlich aus. Wenn man einen Typen in Röhrenjeans abschleppt, kommt man sich doch nachher im

Bett vor, als würde man ihm den Strampelanzug ausziehen ...

Kein Wunder, dass normal gebaute Frauen sich zu fett finden, wenn sie sich in diese Hose quetschen müssen.

Ich werde in Zukunft aufstehen und Nein sagen, Nein zur Röhre! Ich stehe auf und sage: Röhrenjeans? NEIN DANKE, ICH HABE ARSCH!

Aber im wahren Leben nehme ich natürlich die Hose und entkleide mich, wie mir befohlen. Scheißlicht. Jeder Teil meines Hinterns sieht aus wie ein Mondkrater. Ich will mich erschießen, doch ich weiß nicht, ob Lynndie neben ihrem Tussieparfüm noch andere Waffen mit sich führt. Ich zwänge mich in die viel zu enge Röhrenjeans. Mir bleibt die Luft weg, aber beim Blick in den Spiegel strahlt mich ein Prachtarsch in Röhre an. Beyonce – geh kacken. Und knie nieder vor diesem Premiumarsch. Plötzlich merke ich, wie sich etwas unkontrollierbar verselbstständigt und wie überschüssiger Teig, der aus der Backform gedrückt wird, an allen Seiten über den Hosenbund quillt.

Ratsch! Der Vorhang wird aufgerissen, und Frau London schaut mich zusammen mit ungefähr einem Dutzend weiterer Augenpaare mitleidig bis angeekelt an. Die alles überdröhnende Technomusik hat einen überraschenden Zwei-Sekunden-Break, in den Frau London schreit: »Also die Hose bring ich lieber mal drei Nummern größer.« Die Musik setzt wieder ein, und ich brüll gegen die Musikwand ein sich überschlagendes »Halt die Fresse«. Ich bin mir sicher, zumindest alle anderen Kunden haben es deutlich von meinen Lippen abgelesen.

Ich hatte auch schon einen Freund, der für sein Leben gern shoppen ging. Hätte ich damals auf meine innere Stimme gehört und ihn direkt abgeschossen, wären mir einige peinliche Einkaufstouren erspart geblieben. Für mich ist dieses »Shoppengehen« lange Zeit ein essenzielles Element beim Auswahlverfahren meiner Partner gewesen. »Du gehst gern shoppen – weg! Nächster.« – »Einkaufen ist für dich Entspannung? – Verpiss dich!« – »Du schaust dir gerne Schaufenster an? Dann schau doch mal zur Abwechslung in die Röhre! Ich bin weg.«

Männer, die shoppen gehen, find ich extrem unsexy. Männer, die gern einkaufen, haben etwas Weibisches – gut, es sei denn sie sind Sportmanager beim 1.FC Köln und verpflichten bei der Shoppingtour die neue große Stürmerhoffnung von Real Madrid –, aber solche Männer gibt es nicht. Gut, Handel mit Nuklearwaffen kann den gewissen Reiz des Verbotenen haben, doch dann hört es auch schon für mich auf.

Ein Exfreund hat mich tatsächlich mal eine ganze Zeitlang jeden Samstagnachmittag zum Einkaufen in die Innenstadt geschleppt und dachte, er würde mir einen riesigen Gefallen damit bereiten. Während ich mich gelangweilt und genervt im Klamottenladen in den Sitzkissen fläzte und versuchte, den Highscore meines Snake-Spiels auf meinem Handy zu knacken, stolzierte er wie eine Billigkopie von Topmodelcoach Jorge zwischen den Kleiderständern hin und her und stellte allen Ernstes die Frage: »Und, Schatz. Wie findest du's?« Er hat sogar, wenn ihm mal was nicht passte, eine neue Größe ausprobiert! Oder dasselbe Teil in einer anderen Farbe! Das hat mich wahnsinnig gemacht! Passt nicht? Dann gehen wir eben wieder! So sollte es sein.

Viele Frauen würden sich für so einen Freund die rechte Hand abhacken. Endlich mal einer, der Shoppen auch toll findet, einer, mit dem man gemeinsam durch die Shoppingmalls schlendern kann, ohne dass gemeckert wird. Mir zieht sich bei dem Gedanken schon wieder der Magen zusammen ... Vor meinem inneren Auge tauchen Szenarien auf, die mich bis in den Schlaf verfolgen. Gemeinsam shoppen gehen ... Seid ihr wahnsinnig? So was kann ganz schlimm enden. Kennt ihr Pärchen, die die gleichen Jogginganzüge tragen? Jaha! DIE waren gemeinsam shoppen. Das wäre das Ende für mich! Es gibt ganz wenige Dinge, die man einkauft, bei denen man seinen Partner dabeihaben sollte. Crack – das liegt aber hauptsächlich an den Verkäufern. Und beim Erwerb eines neuen Dolby-Surround-Entertainment-Turms mit eingebauter PS3 und Kühlschrank. Das bekommt man nun einfach nicht alleine in den vierten Stock geschleppt.

Es liegt einfach nicht in der Natur, dass man gemeinsam einkaufen geht. Gibt es bei den Tieren auch nicht. Je nach Rasse gehen entweder die Männchen oder die Weibchen auf Beutefang. Gemeinsam niemals, und das hat seinen Sinn. Man stelle sich vor, Löwenmännchen und Weibchen würden zusammen das Mittagessen besorgen.

»Leo, wie gefällt dir das Gnu da vorne?« – »Ich weiß nicht. Ist halt ein Gnu wie jedes andere auch, oder?« – »Findest du nicht, dass es an mir etwas billig aussehen könnte? Weißt du was, reiß es mir doch bitte, beiß es aber bitte nicht ganz tot und wenn es mir zu Hause nicht mehr gefällt, dann bringen wir es halt wieder zurück.«

Bei den Tieren hat die Natur nicht eingeplant, dass Männlein und Weiblein gemeinsam jagen –

nur wir Menschen glauben, wir müssten uns darüber hinwegsetzen, wir bekämen das intellektuell geregelt. Bekommen wir aber nicht! Es ist und bleibt ein befremdlicher Anblick, Paare beim gemeinsamen Einkaufen zu beobachten. Selbst in der Werbung. Mir kommt es jedes Mal hoch, wenn ich dieses unsäglich unsympathische Pärchen im TV sehe, das im Supermarkt einkaufen geht und so unfassbar unnatürlich gute Laune verbreitet, dass sogar Lukas Podolski an der Kasse aufblickt und sich wundert, was das wohl für zwei Arschproleten sind.

Liebe Leser, das gibt es nicht im wahren Leben. Mann und Frau sind nicht dafür geschaffen, zusammen einkaufen zu gehen. Das ist genauso wie diese Supermarktwerbung total ab von der Realität. Eins steht für mich fest: Das nächste Mal, wenn ich wieder alleine im Supermarkt einkaufen gehe, schau ich zuerst nach, ob Lukas Podolski vielleicht doch an der Kasse steht.

Ein anderer Grund, warum ich glaube, dass ich keine richtige Frau bin, ist: Ich liege oft nachts wach und denke: »Mein Bruder hat den Pimmel, den ich verdient hätte!«

Mein Problem ist ja nicht, dass ich gerne ein Mann wäre. Um Himmels willen, das bestimmt nicht! Ich glaube, dass das Leben als Mann noch viel komplizierter und anstrengender ist als das einer Frau! Allein die Strapazen, eine Frau abzuschleppen, sind für mich nicht erstrebenswert. Sind wir realistisch: Als Mann musst du in der Disco achtzig Frauen ansprechen, um einen einzigen Erfolg zu verbuchen. Dabei nimmt das Aussehen der angesprochenen Frauen proportional zur Menge der eingehandelten Körbe ab. Kurz, als Mann schlepp ich irgendwann erleichtert 'ne Olle ab, von der man später höchstens noch sagen kann: Was soll's, Fahne drüber, ist fürs Vaterland. Nur dass es sich dabei nicht um einen Höllen-Kamasutra-Ritt handelt, sondern eher um Steif-wie-ein-Brett-lieg-ich-da-und-lass-es-geschehen.

No Sir, nix für mich. Da schlepp ich mich lieber selber ab und fummel dann so lange an mir rum, bis ich gelangweilt und genervt einschlafe. Wenn ich total assi bin, mach ich heimlich noch ein Handyfoto von mir, damit ich am nächsten Morgen bei meinen Kumpels mit mir angeben kann. Kranke Scheiße.

Apropos Nacktfotos. Das ist auch so 'ne Nummer, wo ich nicht dahinterkomme. Ich werde nie verstehen, warum junge Frauen, die bei mehr oder weniger vollem Bewusstsein sind, es als ein erstrebenswertes Lebensziel ansehen, sich einmal für den *Playboy* auszuziehen. Die meisten geben an, dass sie es nur gemacht haben, weil es ganz tolle ästhetische Fotos geworden sind. Ach soooooo! Na, bei den ästhetischen Fotos, da klappen die Jungs den *Playboy* natürlich sofort wieder zu ... Die Bilder können so kunstvoll und ästhetisch sein, wie sie wollen, am Ende des Tages kleben die Seiten trotzdem zusammen.

Mein absolutes Topargument kam von einem deutschen Playmate, das vorgab, es würde sich schon so sehr darauf freuen, die Fotos irgendwann mal den Enkelkindern zu zeigen. Ja, jetzt fängt die Sache an, interessant zu werden. Da wäre ich auch gern dabei, wenn in fünfzig Jahren Miss März 2011 ihren Enkelkindern den *Playboy* zusammen mit 'ner Zewarolle in die Hand drückt und sagt: »So, mein Junge, jetzt lädst du dir deine Freunde aus der Schule ein, und dann schaut ihr euch die Oma ganz genau an. Ganz genau. Mach das gewissenhaft. Ganz gewissenhaft!« Ganz ehrlich, der Junge muss doch einen Schaden fürs Leben weghaben, wenn er zusammen mit der halben 9b des Apostelgymnasiums sich einen auf seine Oma kloppt.

Genauso wenig verstehe ich die Mädels, die anscheinend »Spielerfrau sein« zu ihrem Lebensziel erklärt haben (manche haben das Ziel ja sogar mehrfach erreicht). Ich glaube nicht, dass sich die Profis freiwillig diese Sarah-Connor-Schwester-Wanderpokale wirklich gerne nach Hause holen. Mit denen ist doch nichts anzufangen. Die können höchstens abends zusammen Alexandra Neldel als »Wanderhure« auf DVD glotzen und Parallelen feststellen.

Mist, ich bin wirklich keine Frau, ich kann mir nämlich keinen Fußballer vorstellen, der auch nur im Geringsten zu mir ... Moment, doch. Lukas Podolski. Warum? Wir haben die gleichen Hobbys: Fußball, RNB, Playstation und Köln. Damit lässt sich ein Alltag gemeinsam bestreiten, und sonntags würden wir zusammen mit den Kindern in den Zoo gehen. Elefanten mit Steinen beschmeißen.

Ich bin mir natürlich dessen bewusst, dass ich am Spieltag im Stadion neben den anderen Spielerfrauen auffallen würde. Es könnte auch vorkommen, dass ich in bestimmten Situationen die Spielerfrauen der gegnerischen Mannschaft klatschen müsste. Auch meine Fangesänge beziehe ich aus einem schier unerschöpflichen Repertoire. Das geht von A wie »ARSCHLOCH WICHSER HURENSOHN! DEINE MUTTER HATT ICH SCHON!« bis hin zu Z wie »Zick Zack Zigeunerpack«. Da stehe ich inhaltlich nicht hinter, aber wenn es meinem Mann etwas bringt, spiele ich diese Klaviatur perfekt. Aber nach dem Spiel kann ich auch wieder normal sein. Da würde ich sogar meine feminine Seite herauskehren, wenn es erwünscht ist.

Wenn mich dann die nette VIP-Bedienung fragt: »Frau Podolski, darf es noch ein Glas Prosecco sein?«

»Nee, tu mir lieber noch so 'ne Metthappen. Aber mit schön viel Zwiebeln. Ich will noch knutschen.«

Das letzte Geheimnis der Menschheit

Um das Thema Frau ranken sich die verschiedensten Mythen. Sie seien die unbekannten Wesen, schwer zu durchschauen und oft unberechenbar in ihren Launen. Diese Geschichten werden von Frauen nur allzu gerne durch mysteriöses Verhalten und gut platziertes Gekicher befeuert. Ach wie schön, so ein unantastbares und unerreichbares Wesen zu sein. Ich muss hier mal mit diesem Schwachsinn aufräumen. Wir Frauen sind nicht mysteriös. Eines der bestgehüteten Geheimnisse der Menschheit ist ja, warum Frauen, mit denen man abends in ein Restaurant oder Ähnliches geht, ungefähr die doppelte Zeit auf der Toilette brauchen wie Männer.

Wir geben uns natürlich die größte Mühe, die sehr interessante Fantasie aufrecht zu halten, dass wir immer zu zweit auf die Toilette gehen, damit wir dort hemmungslos miteinander rummachen können, aber ich muss Sie enttäuschen

Wir sind primitiver und einfacher gestrickt, als es euch lieb ist. Wir bestehen auch nur zu 70 Prozent aus Wasser. Und wenn wir zum Wasserlassen gehen, ist das auch nicht mysteriös.

Wir gehen nur deshalb zu zweit, damit die eine auf die andere aufpasst. Wenn wir mit euch ausgehen, schießen wir uns grundsätzlich immer ab, und wir versuchen nur, die Freundin vor größeren Peinlichkeiten zu bewahren. Wir halten Händchen, damit wir nicht torkelnd auf die Fresse fliegen, weil wir schon voll sind wie achtzig Krakauer Hafennutten. Nur das bemerkt ihr nicht, weil wir das trainiert haben. Wir entschuldigen uns also beim Essen im Restaurant und gehen gemeinsam mit der Freundin auf die Toilette. Die fünfzehn Meter vom Tisch bis zum Damenklo. Wir behalten Contenance. Drei … zwei … eins. Rein in den Kabuff, und dann kommt der freie Fall. Wir können uns gehen lassen. Die Tür schließt sich, wir sind unter uns. Wir laufen wie Primaten, schleifen mit den Handrücken über den gefliesten Toilettenboden, lassen unserem Sprachzentrum freien Lauf, auch dem Speichel selbstredend, und verwüsten das Interieur, als ob es kein Morgen gäbe. Die eine schläft weinend mit dem Kopf im Mülleimer, die andere betreibt mit der Klobürste Höhlenmalerei, während die dritte versucht, die erbrochenen Langustenteile aus dem Sieb des Waschbeckens zu sammeln und wieder zu einem lebenden Schalentier zusammenzusetzen, denn sie ist ja eigentlich bei PETA und will das Tier gleich wieder zu Wasser lassen.

Andere, deren Leber noch nicht den Härtegrad einer Kokosnuss erreicht hat, haben eine Tischtennisplatte aufgebaut und spielen Rundlauf. Wiederum andere wählen Mannschaften für ein Volleyballturnier, das vor dem Dessert in den Waschräumen stattfinden wird. Ja, liebe Männer – die Damentoilette ist nämlich riesengroß, wisst ihr. Da kann man auch prima Walpurgisnacht drin feiern, wenn man möchte. Ich für meinen Teil benutze wirklich nur die Toilette, versuche im Stehen mein Geschäft zu verrichten, denn es gibt genug Ferkel meines Geschlechts, die beim Urinieren nur die Klobrille treffen. Na warte, was die können, kann ich schon lange. Ich treffe und reiße zur Belohnung die Toilettenbrille ab und häng sie mir als Trophäe um den Hals. Meine Freundin macht Fotos und versucht in der anderen Kabine, mir meinen ersten Platz streitig zu machen. Aber sie versagt. Wir könnten noch

Stunden an diesem mysteriösen Ort verweilen, aber wir müssen zurück an unseren Tisch, sonst machen wir uns verdächtig. Denn dieses Geheimnis darf niemand außer uns erfahren!

Wir zupfen also unsere Kleider zurecht, ziehen den Lipgloss nach, und dann kehren wir gut gelaunt als allerbeste Freundinnen wieder an den Tisch zum Pärchenabend zurück. Grundgütiger, mögen Sie jetzt denken. Aber ja, die Wahrheit ist manchmal subtiler, als man es sich in seinen kühnsten Träumen ausmalen kann. *mysteriöses Kichern*

Ich glotz TV

Ich gehöre bestimmt nicht zu den Menschen, die sagen, dass früher alles besser war. Gut, ich hab auch noch die Zeit vor der Maueröffnung bewusst erlebt, aber in den Chor der ewig Gestrigen kann ich nun wirklich nicht einstimmen. Dennoch, was das Fernsehen angeht, muss ich sagen, dass wir uns in den letzten zehn Jahren inhaltlich massiv heruntergewirtschaftet haben. In meiner Kindheit musste ich noch mit meinen Eltern feilschen, ob ich eine Folge *Hart aber herzlich*, *MacGyver* oder *Knightrider* schauen durfte. Meine Eltern befürchteten, ich könnte »verblöden«. Heute können die Erziehungsberechtigten fest davon ausgehen, dass ihr Kind an einem Nachmittag RTL-Programm mehr Gehirnzellen auf dem Wohnzimmerteppich einbüßen muss als Charlie Sheen an einem Wochenende.

Wenn ich heute den Fernseher anmache, denk ich echt: Sind denn hier in Deutschland alle nur noch bescheuert? Was leben hier für Menschen? Und wer macht denn diese Programme? Im Fernsehen hört man nur noch Sätze wie:

»Lass mich in Ruhe, ich geh kacken!« (Mann zu seiner Frau.)

»Lass mich in Ruhe, geh kacken!« (Frau zu ihrem Mann.)

Oder: »Lasst mich in Ruhe, geht doch alle beide kacken, ihr Arschlöcher!« (Ein Zweijähriger zu seinen Eltern.)

Und so etwas werfen die sich an den Kopf, bevor sie alle drei ihre erste Pulle Wodka intus haben. Das ist unser deutsches Nachmittagsprogramm. Ich habe das Gefühl, es gibt nur noch Fernsehen für, von und mit Fast-Asozialen. Und damit meine ich jetzt nicht nur die Sendungen mit Dieter Bohlen. Es gibt viele, die in diese Kategorie passen. Obwohl diese ganze Scheiße, die im Fernsehen läuft, ja gar keiner guckt. Man liest zwar immer, dass *Bauer sucht Frau* sechs Millionen Zuschauer hatte, aber wenn man fragt, hat es keiner gesehen.

»Also, ich guck so was nicht.«

Oder: »Wenn überhaupt, guck ich finnische Schwarz-weiß-Filme mit serbischen Untertiteln auf ARTE, aber ansonsten seh ich nicht fern.«

Und am allerbesten ist natürlich: »Wir haben gar keinen Fernseher.«

Doch am nächsten Morgen kommen sie alle zur Arbeit und sagen: »Mann, habe ich schlecht geschlafen, ich bin FICK und FERTIG. Hihihihi.« Neulich mache ich mittags die Glotze an und denk nur: »Scheiße! Jetzt schon Titten?« Das einzig Gute daran war, dass es um die Uhrzeit wenigstens noch echte Titten zu sehen gibt. Es ist echt der Wahnsinn, wie viele Brüste Kinder schon nachmittags im Fernsehen zu Gesicht bekommen. Die einzigen Nackten, die wir früher gesehen haben, waren die Idioten, die sich mit Selbstauslöser in der *Bravo* nackt fotografiert haben. Mit fünfzehn! Wir haben uns immer gefragt, wie sehr die wohl am nächsten Tag in der Schule aufs Maul bekommen haben. Aber um uns die *Bravo* zu kaufen, mussten wir früher noch zum Kiosk. Wir mussten dafür wenigstens an die frische Luft. Heute gibt es das jeden Tag frei Haus ab 12 Uhr mittags im Fernsehen. Und da es, wie gesagt, Fernsehen für, von und mit Assis ist, sind viele erst einmal erfreut, wenn sie mittags den Fernseher einschalten: »Geil, jetzt schon Titten!« Bis sie fünf Sekunden später realisieren: »Scheiße, was macht denn meine Frau im Fernsehen?«

Früher sind in Talkshows einfach nur ganz normale Idioten aufgetreten, um zu erzählen, wie es dazu kam, dass sie mit zwölf schon das dritte Kind hatten. Um zu erklären, warum sie ihre Frau nicht nur mit der Sekretärin, sondern auch mit ihrer besten Freundin, ihrer Schwester und mit ihrem Bruder betrogen haben. Oder um zu erfahren, dass die Eltern Geschwister sind. Heute erzählen dieselben Jungs (oder sind es schon deren Enkel?) »ihre Geschichten« in Dokusoaps. Und während früher in den Talkshows bei der Schäfer und dem Geissen wenigstens noch echte Assis dabei waren, die ihre eigenen Geschichten erzählt haben, sind es jetzt nur noch Assis, die Texte aufsagen, die sie von Fernsehassis aufgeschrieben bekommen. Sie spielen Situationen nach, die ihnen zwar so ähnlich mal passiert sind, die man ihnen zur Sicherheit aber lieber noch mal aufgeschrieben hat. In der Geschichte werden dann eben zwanzig Bier und fünfzehn Korn vor dem Frühstück und zwei Kinder, die man auf der Toilette zur Welt gebracht hat, dazu erfunden, und fertig ist das Nachmittagsfamilienprogramm.

Richtig bescheuert ist auch der Frauentausch. Und das war noch positiv formuliert. Wobei ich nicht mal sagen kann, was ich schlimmer finde: das Format oder die Mütter, die sich darauf einlassen, ihre Familie mit einer anderen Familie zu tauschen. Da habe ich neulich eine Frau gesehen, in deren Kopf ist vermutlich genauso viel passiert wie beim Kühlsystem in Fukushima – nichts. Sie hat ganz selbstbewusst erklärt, dass Wurst Vitamine hat, weil da ja kein Zucker drin ist, und ihre Ernährung sei durchaus abwechslungsreich.

Als sie ihre Wurstsorten aufzählte, habe ich schlimme Nervenschmerzen bekommen, weil sie jedes Mal, wenn sie Wurst sagen wollte, den letzten Buchstaben wegließ: »Bei uns gibt's Teewurs, Jagdwurs, Mettwurs, Bierwurs.«

Ein Königreich für ein »T«!! Ich habe schon vor lauter Fremdschämen das halbe Sofakissen aufgegessen, als ich denke: »Mein Gott, essen die denn nichts anderes als Wurst? Nehmen die denn wirklich gar nichts mit Vitaminen zu sich?«, da kam sie dann doch noch mit etwas Gesundem um die Ecke: »Wir essen auch gerne Erdbeerkäse.«

Nicht dass sie jetzt denken, diese Tauschmutter würde ihren Kindern nichts Gesundes zu essen geben. Weit gefehlt. Sie hat bei der Fernsehwerbung sehr gut aufgepasst: »Hier, iss mal das, das is gut für disch«, sagte sie und gab ihrem Kind einen Kinderschokoriegel in die Hand. »Da is Kindermilch drin.« Wurst, Erdbeerkäse und Kinderschokoriegel, ich muss sagen, für einen Menschen, der seinen Vitaminhaushalt sein Leben lang mit dieser Nahrung bestritten hat, hatte sie dann doch eine ziemlich schnelle Auffassungsgabe. Denn als sie im Büro der Tauschfamilie ankommt, errät sie gleich, was der Tauschpapa für einen Beruf hat: »Boah, überall Blätta. Was ist der, Postbote oder was?«

Ja genau, viele Blätter = Postbote und Erdbeere im Käse = Vitamine. Man lernt doch immer wieder was dazu.

Aber auch für diese Assis gibt es Hoffnung, denn sogar sie können durch Penetranz, Bumsgeschichten und die *Bild*-Zeitung zu sagenhaftem B- bis C-Promistatus emporklettern. Siehe Gina-Lisa Lohfink oder Daniela Katzenberger. In gewisser Weise muss man den Hut davor ziehen, wie geschickt diese Damen die Medien zu nutzen wissen, um nach vorne zu kommen. Eine Gina-Lisa bringt nun mal an herkömmlichem Talent fast nichts mit außer einem Dialekt, Silikonimplantaten und einer zugegebenermaßen geilen, heiseren Pornostimme, bei der es der Fantasie des Betrachters überlassen ist, bei welcher sexuellen Penetration sie sich so sehr die Seele aus dem Leib geschrien hat, dass sie ein Leben lang heiser bleiben wird. Ich vermute ja, dass sie sich den Satz »Wenn ich so blöd wäre wie du, würd ich den ganzen Tag schreien« zu Herzen genommen hat. Was vor knapp fünfzehn Jahren Pamela Anderson zu einem Comeback verhalf, konnte Gina-Lisa auch nicht schaden. Der gute alte Privatporno. Zu sehen gab es eine sichtlich sedierte Gina-Lisa, die sich von einem schmierigen Südländer mit Bierbauch durchjückeln ließ. Damit war sie endgültig in die erste Riege der TV-Luder aufgestiegen. In der Pro7-Sendung *Die Alm* wurde sie von einer Mitinsassin über die Entstehung dieses Heimpornos ausgefragt. Gina gab an, dass sie nicht mitbekommen habe, dass eine Kamera lief, und auch eine Klage gegen die Verbreitung dieses Videos eingereicht worden sei. Der Mann, mit dem sie dort knöperte, war ein Freund, mit dem sie Mitleid hatte und ihn ein paarmal ranließ. Heiliger Bimbam! Wer Freunde aus Mitleid zum Koitus einlädt, der kann aber auch vom Leben verlangen, dass es ihm gebührend heimgezahlt wird. Bekommt man auf kurz oder lang von so viel Nächstenliebe nicht garantiert einen Scheidenpilz? Plack an der Lippe garantiert auf jeden Fall der regelmäßige Konsum der *Alm*. Meine Fresse! Wie tief kann man sinken und ein Abfallprodukt wie *Das Dschungelcamp* kopieren und noch schlimmer – da auch mitmachen? In diesem Fall meine ich nicht die Kandidaten, weil die

sind nicht besser oder schlechter als die Teilneh-
mer der RTL-Show. Ich spreche von den »Modera-
toren«. Welch brutales Eingeständnis, die durchaus lustigen Moderationen von Dirk Bach und
der anderen Frau nachäffen zu wollen und dabei
kläglich zu scheitern, weil sie keinen Witz stamm-
elfrei ins Ziel bringen. Zumal es wirklich bitter
wird, wenn man bedenkt, dass die meisten Gag-
autoren der *Alm* für ihre Arbeit am *Dschungelcamp*
vom Feuilleton hoch gelobt und ein halbes Jahr
später hart abgestraft wurden.

Ein weiteres meiner »Lieblings«-Formate ist
Mädchengang. Hier werden hochgradig unsoziale
junge Weiber in ein Resozialisierungscamp geschickt. Das kommt mir aus meiner Jugend ziemlich bekannt vor, um ein Haar wäre ich sicher
selbst dort gelandet. Welch glücklicher Wink des
Schicksals … Also war es nicht ich, sondern eine
gewisse Jennifer, die auf die Frage, wie sie die anderen Insassen des Camps finde, antwortete:

»Die anderen? In dem Camp? Ich finde, die waren alle voll asozial! Und die Betreuer sind voll
die Opfers, ey! Sagt der eine so: 70 Prozent von
euch landen eh wieder in den Knast. Der Otto ey,
so viele waren wir doch gar nicht. Aber so richtig
abgefuckt bin ich immer noch auf die Jessica, nä.
Die habe ich im Camp kennengelernt, und dann

hab ich mich mit der beim Pimkie zum Shoppen verabredet, und dann ist die voll nicht gekommen. Wie soll ich bitte im Pimkie shoppen gehen, wenn keiner Schmiere steht?«

»Und dann haben wir einen Abend wieder mal was diskutiert, weil die vom Fernsehen gesagt haben, unterhaltet euch mal. Da fängt die Jessica an, dass sie mal gehört hat, dass ein Typ, der schon tot ist, voll nicht nett gewesen ist. Adolf Hitler oder so. Ich so: Moment ma, Jessica, isch mach da nisch mit bei der Lästerei, ja keine Ahnung, ich kenn den nicht. Ich laber nicht gegen einen, den ich nicht kenne. Man muss sich immer erst selber 'ne Meinung machen, bevor man lästert. Voll wisch-tisch, so. Also hab ich mir 'ne Dokumentation über den angeguckt. Na ja, eigentlich war der doch voll okay. So sympathisch und so. Okay, manche Sachen waren jetzt nicht fett. Die Filme, so voll übertrieben, und manche Sachen gingen gar nicht. Zum Beispiel der Schnurrbart. Was soll das bitte? Und dieser komische Hut und der Stock und wie der immer so lustisch gegangen ist, mit seinen Füßen auseinander so …«

»Und dann fing eine mit diesem Dings an. Der eine da, der Dings …, der Saranarazizin oder so. Der hat ein Buch geschrieben, so. Wie heißt das noch mal? *Deutschland geht anschaffen*? Auf jeden

Fall steht da drin, dass hier bei uns so voll die vielen Ausländer sind, die kein Deutsch können, so. Ey, das stimmt voll. Wo isch wohne, sind voll viele von denen. Die labern immer so blablabla … Und ich immer so: Hä? Isch versteh kein Wort. Einer von den Ausländern kommt aus einem Land, da hab isch noch nie von gehört – Thüringen oder so.« Ein Gutes hat es ja, wenn es nur noch Fernsehen von, mit und für Asoziale gibt, dann werden wir Kölner noch richtige Fernsehstars! Die Jennifer hat es schon fast geschafft.

Letztens habe ich einen Beitrag bei *Explosiv* gesehen, da wollte eine Frau den neuen Weltrekord im Blowjob aufstellen. »Isch bin die Uschi, und isch möschte heute den Weltrekord in Blowjob knacken. Isch möschte dreihundert Männer oral befriedigen. Joah, isch guck dann mal, was da so auf mich zukommt.« Ne ganze Menge, Uschi. Ne ganze Menge kommt da auf dich zu. Natürlich haben sie auch die Männer, die vor dem Puff Schlange standen, gefilmt: »Jo, isch bin aus der Zeitung auf dem Event hier aufmerksam geworden. Isch dachte mir, Mensch Klaus-Dieter, dat wär doch auch wat für disch.« Na gut, war ja auch umsonst. Umsonst? Ich hab sofort gedacht: »Hoffentlich steht mein Vater da nicht in der Schlange.« So mit vier Jacken überm Arm. Und da *Explo-*

siv um 18 Uhr läuft, bekommen viele Kinder den Blowjob-Wahnsinn quasi als Gutenachtgeschichte serviert. Aber ich versuche ja, allem immer auch etwas Positives abzugewinnen: Besser, die Kinder bekommen zu viel Sex im Fernsehen mit als im katholischen Internat.

So langsam beschleicht mich das Gefühl, dass die Regierung mit den Sendern unter einer Decke steckt. Sie sorgt mit Horden von Hartz-IV-Empfängern dafür, dass es immer genügend Leute gibt, die genug Zeit haben, sich den Kram anzugucken. Und auch bei den ganzen Auswanderersendungen, in denen die Menschen *Goodbye Deutschland* sagen (obwohl nicht einer von denen des Englischen mächtig ist), hängt die Regierung, glaube ich, mit drin. Denn die, die sich da auf den Weg in das gelobte Land machen, werden wir hier in Deutschland nicht vermissen. Die meisten von den Auswanderern haben es bisher noch nicht mal von Herne–Holsterhausen nach Herne–Crange geschafft. Aber jetzt geht es los nach Alaska, Fliegengitter anbringen, oder nach Nigeria, frisch gepressten Orangensaft unter die Leute schütten. Drei Dinge scheinen die Auswanderer in diesen Sendungen gemeinsam zu haben:

1. Sie sprechen alle keine Fremdsprache und schon gar nicht die des Landes, in das sie auswandern.
2. Sie haben keinerlei berufliche Qualifikation und schon gar nicht die für die Geschäftsideen, die sie in ihrem neuen Zuhause aufbauen wollen.
3. Sie sind alle spätestens nach einem Jahr wieder zu Hause in Good old Germany.

Aber ohne Sinn und Verstand auswandern und mit genauso wenig Verstand seine Familie oder Freunde beschimpfen, das ist noch nicht alles, was man im deutschen Fernsehen zu sehen bekommt. Ich hab mich lange davor gedrückt, doch dann habe ich es schließlich getan: Ich habe mir die letzte Staffel *Deutschland sucht den Superstar* angeguckt. Weil ja alle darüber reden: »Der Dieter, der hat echt wieder ganz schön krasse Sprüche drauf. Echt krass, die Sprüche, aber irgendwie ist der Dieter auch cool.« Hallo? Das ist kein cooler Typ. Was ist bitte cool daran, wenn ein gefühlt Achtzigjähriger – also zumindest scheint das Leder in seinem Gesicht so alt zu sein – zu einem achtzehnjährigen Mädel sagt: »Singen kannst du nicht, aber einen geilen Arsch hast du.« Das ist nicht cool! Wenn ein alter Mann auf der Straße eine junge Frau so anspricht, dann landet er mit seinem Kiefer auf der Motorhaube von einem Bullenwagen. Wo ist denn beim Dieter die Polizei? Und es ist ja nicht so, dass ihm nur einmal in der Sendung so ein Spruch rausrutscht. Der macht nur solche Sprüche: »Sie wollte ja nicht mit dem Arsch wackeln ... Ich hab ihr gesagt, sie soll einen String anziehen, hat sie nicht gemacht ... Kannst nicht singen, aber geile Titten haste.« Geile Titten – geiler Arsch – geiler String, geil, geil hammer-megageil!! Ekelhaft. Und was sagen die Mädels, wenn der alte Mann ihren Arsch in einen String quetscht und sie auf ihre Hupen reduziert? Nein, sie sagen nicht: »F... dich, Alter!«, sondern: »Dieter, kann ich disch mal drücken!?« Dieter kann ich dich mal drücken? Was'n los mit den Mädels? Dieter, kann isch dich mal ZERdrücken! Das würde passen. Die Lederhaut würde ich nicht mal mit der Kneifzange anpacken.

Noch schlimmer als die abgefilmte »Realität« in den Realitysoaps und die Schwemme von Castingshows sind für mich nur noch die deutschen Filme. Natürlich nicht alle deutschen Filme, aber zumindest alle mit Veronica Ferres. Die macht ja nur noch Betroffenheitsfilme. Zum Beispiel den Film über die Geschichte von Marco W. Ich konnte erst gar nicht glauben, dass sie das verfilmt haben. Die Geschichte von Marco W., einem deutschen Typen, der angeblich in der Türkei eine Engländerin angewichst hat und deshalb im bösen türkischen Knast sitzt. So was verfilmt mit Veronica Ferres? Ich hab erst gedacht: Das ist nicht echt. Das ist *Switch*. Ich habe den Trailer nicht gesehen, aber ich kann mir richtig vorstellen, wie der war: »Sehen Sie Veronica Ferres als Mutter von dem deutschen Typen, der angeblich in der Türkei eine Engländerin angewichst hat (dramatische Musik …). Til Schweiger als die Engländerin und Hella von Sinnen als der türkische Knast.«

Ich glaube, wenn das Drama von Fukushima mal verfilmt wird, dann ist die Ferres die Erste, die für 'nen Reaktor vorspricht. Wenn das Leben und Sterben von Knut verfilmt wird, wird die auch vorsprechen. Knuts Todeskampf in drei Teilen, da freu ich mich allerdings jetzt schon drauf. In den letzten zwei Teilen hängt die Ferres dann nämlich mit ihrem Hintern nach oben im Wasser.

Okay, wir lieben es einfach, uns über das Fernsehen aufzuregen. Ich schaue sogar manche Sendungen nur, um mich darüber aufzuregen. Ganz ehrlich, wenn dort keine dünn angerührten Tauschmütter über Erdbeerkäse reden würden, wenn sich asoziale Mädels nicht in Erziehungscamps die Haare ausreißen und wenn Veronica Ferres tatsächlich gute Filme machen würde, dann würde ich gar nicht erst einschalten, und die Seiten hier wären leer.

Aber manchmal macht mir diese Entwicklung im deutschen Fernsehen wirklich Angst. Wenn Sie jetzt denken, ich hätte schon alle schlimmen Sendungen aufgezählt, dann haben Sie noch nicht bei *Schwiegertochter gesucht* reingeschaut. Bei *Schwiegertochter gesucht* gehen sie nämlich noch einen Schritt weiter, da legen sie die Armen sogar aufeinander. »Hier, habt euch mal lieb.« Die zu verheiratenden Söhne sehen aus wie Gollum, oder einfach nur ein Pfund Gehacktes. Das wird von Vera Int-Veen natürlich nicht so formuliert, sondern die Kandidaten werden von der Moderatorin mit lustigen Adjektiven vorgestellt. Während Vera Int-Veen an einer Hecke entlang schlendert und die Protagonisten mit »der lebenslustige Kratzbildfreund Peter« oder der »flippige Hasenfreund Günther« beschreibt, frage ich mich, ob sie nicht eigentlich denkt: »der debile Idiot Peter« und der »hässliche Blödie Günther«. Früher, da waren es einfach nur irgendwelche armen Vorstadtproleten, die wohl nur extrem minderbemittelt waren. Mittlerweile reicht das schon nicht mehr. Ich habe echt oft das Gefühl, das sind Behinderte. Wenn du keinen Sprachfehler hast, wenn du nicht gleichzeitig mit beiden Augen durch ein Schlüsselloch gucken kannst und wenn dir beim Essen nicht die Hälfte wieder aus dem Mund fällt, dann fällst du beim Casting für *Schwiegertochter gesucht* durch. Das ist wie im Mittelalter, nur werden die Leute nicht in einem Käfig auf dem Marktplatz zur Schau gestellt, sondern im Fernsehen zur besten Sendezeit.

Der schlimmste Job muss sein, diese Leute zu casten. Aus gut informierten Quellen weiß ich, dass dabei Menschenunwürdiges passiert. Da werden Leute, denen gerade drei Schicksalsschläge auf einmal passiert sind, als »zu normal« abgelehnt, falls sie nicht noch ein körperliches Problem haben. Allerdings dürfen sie auch nicht zu sehr heruntergekommen sein, der Zuschauer soll sich ja in angemessenem Rahmen ekeln.

Sich rauszureden mit: »Naja, die machen da doch alle freiwillig mit!«, ist wohl mehr als scheinheilig. Denn die übergewichtige Kandidatin aus einer der ersten Sendungen hat sicher nicht zugestimmt, dass der Ton im Schnitt ein ächzendes Geräusch unter ihren Versuch gelegt hat, sich durch eine Tür zu quetschen.

So werden dort also nur Leute zur Schau gestellt, über die wir uns schön drüber stellen können. Diese blöden Assis, Mensch, haben wir's gut.

Exfrau – der härteste Job der Welt

Normalerweise gammeln abgelegte Sachen in der letzten Ecke des Kellers in alten Kleidersäcken vor sich hin, oder sie landen einfach auf dem Müll. Da gehören abgelegte Sachen auch hin. Im schlimmsten Fall bindet man Sachen, die man nicht mehr haben will, einfach an einer Autobahnraststätte an eine Laterne und fährt für vier Wochen in den Urlaub. Aus den Augen, aus dem Sinn. Aber mit abgelegten Frauen ist es leider nicht ganz so einfach. Zumindest mit Exfrauen von Prominenten nicht. Normalerweise trennt man sich von einem Partner, in diesem Fall von seiner Frau, damit man sie nicht mehr sehen muss. Im Fall von Prominenten wie Becker, Bohlen, Matthäus und Co. stellt sich die Sache etwas anders dar. Sie sehen ihre Exfrauen nach der Trennung manchmal sogar öfter als zu der Zeit, als sie noch mit ihnen verheiratet waren, nämlich im Fernsehen, in Magazinen und in Zeitungen. Für die meisten dieser Frauen war die Heirat weniger eine Herzensangelegenheit als vielmehr eine Umschulung: und zwar von der allseits beliebten Dorfschönheit zur Exfrau. Ich mache mir wirklich langsam Sorgen um unseren weiblichen Nachwuchs in Deutschland. Was wird aus unseren Mädels, wenn sie mal groß sind? Ein sich ständig übergebendes Model? Eine Darstellerin bei *Mitten im Leben*? Oder lassen sie sich, sobald sie sechzehn sind, von Dieter Bohlen vor einem Millionenpublikum erniedrigen, um »Superstar« zu werden? So blöd es klingt, aber das sind alles noch ehrbare »Karrieren«.

Ich habe echt voll Schiss, dass in ein paar Jahren in Kindergärten und Grundschulen wieder die bekannten Umfragen gemacht werden: »Was wollt ihr später denn mal werden?« Und dass die kleinen Mädels dann sagen: »Ähm ..., Exfrau!« Das ist ja mittlerweile ein erstrebenswerter Beruf. Die wollen auch so werden wie die Liliana Matthäus. Klar, zunächst sind Spielerfrauen voll nett. Weil die ihre Männer nämlich ganz doll liebhaben, egal wie die aussehen. Ich meine, mit was für einem Gerät ist denn der Schweinsteiger zusammen? George Clooneys schöneren Bruder hat sie mit ihm jedenfalls nicht erwischt, die Arme. Ich habe Angst davor, dass kleine Mädchen später nicht mehr davon träumen, Prinzessin, sondern die Frau von einem Bundesligaspieler zu werden. Oder Edelfan von einer ganzen Bundesligamannschaft wie die kleine Schwester von Sarah Connor. Der Wanderpokal von Werder Bremen. Die durfte ja nun wirklich fast jeder schon mal im Arm halten. Ich habe gelesen, dass sie jetzt mit Bushido zusammen ist. Hat die denn bei Werder Bremen inzwischen alle durch? Meine Oma hat immer gesagt: »Erst mal den Teller aufessen!« Na ja, muss sie selber wissen.

Obwohl, kommen wir noch mal zurück zu den mit Abstand schlechtesten Vorbildern für junge Mädels, die »zu Ende benutzten, ähhh, geliebten Exfrauen« der Beckers, Effenbergs und Bohlens. Die Jungs von heute wollen diese Art von Frau schon nach einem Tag Verheiratetsein nicht mehr haben. Können die darüber nicht mal nachdenken – mit dem Kopf, meine ich jetzt –, bevor sie mit deren Geisterverwandten in die Kiste steigen? Wir Fernsehkonsumenten müssen es nämlich ausbaden. Wir können uns dann jahrelang angucken, wie die abgelegten Brazen womöglich in irgendwelchen Dschungelcamps vor sich hin vegetieren oder wie sie irgendeine überflüssige Sendung moderieren! Es ist echt wie eine Epidemie. Diese Exfrauen breiten sich schneller aus als Ehec. Ehec und Exfrauen, das passt, beides bekommt man meistens durch eine Schmierinfektion.

Es gibt allerdings eine, die sticht besonders heraus, also im negativen Sinn – Claudia Effenberg. Die Alte geht mir so was von auf den Sack. Das ist echt die unangefochtene Anführerin der »zu Ende geliebten Exfrauen«. Bei ihr kann man sogar schon von der nächsten Evolutionsstufe der nervigsten Frauen sprechen, denn sie ist zu Ende geliebte Exfrau *und* Spielerfrau. Ja, das geht beides. Und es gibt mittlerweile kein Boulevardmagazin mehr, in dem sie nicht irgendeinen Dünnschiss erzählt nach dem Motto: »Ich bin supertraurig, weil der Stefan und ich nicht mehr zusammen sind. Weil, der hat nämlich eine Nachbarin gebumst. Aber wenn er nicht mehr mit der bumst, dann sind wir wieder zusammen. Und wenn wir wieder zusammen sind, dann freue ich mich ganz doll, und dann bringe ich eine neue Schmuckkollektion raus. Wie war die Frage noch? Ach so – ja, der Film ist ganz toll.« Ganz ehrlich? Ich träume jede Nacht davon, dass ich ihr irgendwann einmal irgendwas ins Gesicht werfe.

Man kommt aber wirklich nicht an ihnen vorbei. Diese abgelegten Kleiderständer sind auf jedem gottverdammten Event. Immer wenn irgend-wo irgendwas passiert ist, werden immer wieder dieselben Hackfressen befragt. Oh, Entschuldi-gung, habe ich Hackfressen gesagt? So nett woll-te ich eigentlich gar nicht sein. Wo war ich ste-hen geblieben? Ach ja, es werden immer wieder dieselben Hackfressen befragt, wenn irgendwas passiert. Und wer ist immer ganz vorne mit da-bei? Richtig, dem Stefan seine Ex, die Claudia, wobei gerade Frau Effenberg natürlich sehr gut aussieht. Die lässt wirklich keinen roten Teppich aus. Wie kommt die da eigentlich immer hin? Ich denke mittlerweile, dass sie die einfach mit dem roten Teppich einrollen, und beim nächsten Event wird sie vom roten Teppich einfach wieder ausgespuckt. Deswegen hat sie auch immer diese leicht ungepflegt aussehende, wuschelige, verfilz-te »Out-of-roter-Teppich-Frisur«.

Was ich mich allerdings jeden Tag aufs Neue fra-ge: »Warum um alles in der Welt kenne ich die überhaupt?« Die hat doch in ihrem Leben nicht viel hinbekommen. Nichts! Was die in ihrem Le-ben aber wirklich hingekriegt hat, ist, dass sie sich nicht nur von einem, sondern gleich von mehre-ren Fußballern hat … lassen. Tja, aber so ist es halt. Oder wie wir Kölner sagen: »Jeder Jeck ist anders.« Einer kann gut Purzelbäume schlagen, einer kann

gut Fliesen legen, einer kann gut Blinddärme ent-
fernen – und sie kann sich halt gut … lassen.

Wer auch in den letzten Jahren immer wieder
auftaucht, ist die Alte vom Ochsenknecht. Mein
Gott, muss der Uwe drauf gewesen sein, als er mit
der zusammengekommen ist. Die ist so was von
nervig. Ihr besonderes Kennzeichen ist ihr viel zu
strammer Zopf. Doch nicht etwa, damit ihre Gesichtshaut nicht über Augen und Nase rutscht?
Die hätte doch Kohle für 'ne OP, warum also werden die Augen trotzdem mit einem strammen
Zopf bis zu den Ohren gezogen? Das sieht echt
fast aus wie bei einem Kerl, und ich spreche nicht
von einem hübschen Kerl. Wenn die zusammen
mit Uwe Ochsenknecht auf einem Foto war, stand
oft drunter: »Uwe Ochsenknecht, links im Bild.«
Hat man sonst nicht gewusst, wer wer ist? Wenn
man neben Uwe Ochsenknecht nicht sofort als
Frau zu erkennen ist, dann wird die Gesichts-OP
vielleicht sogar von der Krankenkasse bezahlt.

Kommen wir nun zum absoluten Ende der Nah-
rungskette, zu den Abstiegsrängen in der Liga der
zu Ende geliebten Exfrauen: Nadja Abd el Farrag.
Ihr Schicksal hat ihr nicht nur übel mitgespielt,
ihr Schicksal ist ein echt fieser Typ, denn sie hat
noch dazu immer vor Augen, wie man es besser
machen kann. Von Dieter Bohlen kann man als

Mensch mit dunklem Teint und zwei Brüsten nun wirklich alles bekommen, wenn man sich nicht völlig blöd anstellt: einen Trauschein, jede Menge Kohle, ein Kind, zwei Kinder, was immer man will. Und was hat sie bekommen? Jeden Morgen vielleicht 'ne Kiste Prosecco, und als sie nicht mehr mit ihm zusammen war, war es selbst damit vorbei. So, jetzt aber schnell die Tränen abgewischt, denn es hat sie ja niemand dazu gezwungen, nichts Richtiges zu lernen, sich die Zähne weiß anzustreichen und sich zu große Implantate andrehen zu lassen. Ein Talent, das sie ganz sicher hat, ist, sich jedes Mal selbst an Naivität wieder zu übertreffen. In einem Interview hat sie neulich gesagt: »Alora, ich hab ein bisschen Wellness. gemacht. Das ist ja wie Koksen, dieses Wellness.« Diesem Satz folgte ein kurzes, irritiertes Zögern, offenbar hat da hat die eine vernünftige Gehirnzelle in ihrem Kopf wohl noch versucht, das ganz alleine zu verhindern, doch da war es schon raus. Bevor sie irgendwas sagt, denkt sie halt nicht immer nach. Ich habe ja echt gedacht und noch mehr gehofft, die wäre endlich weg. Aber nein, sie war nur in Österreich. Sie hat Wahlkampf gemacht. Sie denken jetzt sicher: »Nadja Abd el Farrag macht Wahlkampf?« Ich weiß, das klingt mindestens genauso unrealistisch wie:

- Nadja Abd el Farrag geht ernsthaft arbeiten.
- Nadja Abd el Farrag hat ein ganzes Fischstäbchen gegessen, und es ist in ihrem Darm angekommen.
- Nadja Abd el Farrags Zähne leuchten nicht mehr in der Nacht.

Aber es kommt ja noch besser! Nadja hat sich natürlich nicht für irgendwen in den Wahlkampf einspannen lassen. Nein, sie ist wirklich wählerisch. Sie hat Wahlkampf für eine rechte Partei in Österreich gemacht. Doch das wusste sie nicht. Und wenn man was nicht weiß, ist es ja nicht so schlimm. Sie hat sich zusammen mit HC Strache in einer Disco filmen lassen! HC Strache ist ein österreichischer Rechtspopulist, manche sagen auch Rechtsextremer, Nazi darf man ihn natürlich nicht nennen! Sozusagen der Jörg Haider der Herzen. Und der hat die Naddel für seinen Wahlkampf benutzt. Naddel macht Wahlkampf ... mit 'nem Nichtnazi ... in einer Disco in Österreich! Wo ist hier der Fehler? Oder anders gefragt: Wo ist hier kein Fehler? Geht vielleicht schneller. Sie hat auf jeden Fall nachher gesagt: »Also ich find den echt supersympathisch, und er hat so supererotische blaue Augen.« Weiß die nicht, was der mit ihr machen würde, wenn er dürfte? Obwohl irgendwie passt es ja. Haben ja beide einen Hang zu braun.

Wenn es die IG Exfrauen gäbe, eine Gewerkschaft der zu Ende geliebten Exfrauen, würden sie Lothar Matthäus bestimmt verbieten, jemals wieder zu heiraten. Er macht einfach den Schnitt kaputt. Er überschwemmt den Markt mit Exfrauen. Er hatte in den letzten Jahren beinahe mehr Exfrauen als Madonna Adoptivkinder, und das will was heißen. Lothar ist halt immer der Schnellste. Manche meinen, er pflückt sie direkt vom Baum und wartet erst gar nicht, bis sie auf dem Markt sind. Viele fragen sich immer, was ist es denn, was die Frauen an diesem Typen interessant finden? Ist es nur sein Intellekt oder doch auch die Beule in seiner Hose, diejenige, die sein Portemonnaie in der Tasche macht. Mit seiner letzten »Frau« bleibt es allerdings schon seit mehreren Jahren spannend. Es war für ihn bestimmt auch ganz interessant, mal wieder ein weibliches Wesen an seiner Seite aufwachsen zu sehen. Bei Liliana und Lothar weiß man wirklich nie, woran man ist. Sie ist zwar auch eine Exfrau, aber nicht auf Vollzeit. Mal sind sie auseinander, dann sind sie wieder zusammen, dann hat der Lothar wieder eine Neue, die dann allerdings wieder genauso aussieht wie die Liliana ... Ich komme da nicht mehr mit. Hauptsache, der Lothar kommt da noch mit, und das scheint ja so zu sein, denn er hat in einem Interview selbst gesagt, dass er weiß, wie man mit der Liliana umgehen muss, da er schließlich Kinder im gleichen Alter hat. Ich denke mal, wir werden weiterhin von den beiden hören. Spätestens wenn Liliana mit einem Kängurupimmel im Mund im Dschungel sitzt, wird sie sich denken: »Ach, so schlimm war es gar nicht beim Lothar.«

Zum Abschluss muss ich hier aber mal mit einem Vorurteil gegen Exfrauen aufräumen. Ich weiß, viele denken bei denen immer: »Die können doch alle nix außer Exfrau sein, diese blöden Schlampen!« Aber das ist so nicht richtig, die sind immer alle auch Schmuckdesignerinnen. Und irgendwelche alten oder auch neuen Glasscherben als Schmuck zu verkaufen, das muss man erst mal hinkriegen.

Einmal erschrocken bitte!

Für viele junge Frauen ist es mittlerweile wichtiger, sich auf ihr Äußeres reduzieren zu lassen, als dass sie ihr Inneres vermehren. Denn, na klar, eine Frau, die ihre Meinung sagt, ist schwierig, zickig, arrogant. Kurz: Unfuckable.

Dann bleibt also nur noch das Ziel, so zu werden wie die Modelmädchen in den Magazinen. Werbekampagnen mit dürren, verschreckt dreinblickenden Mädchen, die man, obwohl sie halb nackt sind, für einen Jungen halten könnte, gibt es mittlerweile überall zu sehen. Wobei ich mich immer frage, warum das Werbeanzeigen für Klamotten sind, wenn ich nur ganz links in der Ecke ein Schnipsel einer zerknautschten Bluse erkennen kann.

Diese Mädels sind garantiert nicht schwierig, die sind einfach nur ... dünn und ... verschreckt und ... Warum zur Hölle sollte jemand so etwas ficken wollen, bei dem man Angst haben muss, das es kaputtgeht?

Jedenfalls werden diese Mädels nicht nach ihrer Meinung gefragt, vielleicht ist es ja das, was es so nachahmenswert macht. Aber wie ich finde, absolut unfuckable.

90 Prozent der Zeit in der Pubertät gehen, nicht wie viele Jungs denken, dafür drauf, dass man sich völlig fasziniert beim Wachsen der eigenen Titten zuguckt, sondern dafür, dass man sich Gedanken darüber macht, was am eigenen Körper zu verbessern wäre.

Sobald das erste Scham- oder Achselhaar sprießt, wird es rasiert, sobald erste Anzeichen von Cellulite zu sehen sind, wird zum Pilates gerannt und am Powerhouse gearbeitet, wechselgeduscht und wechselgecremt, bis man die Cellulite zumindest nicht mehr spüren kann.

Es gibt nur 10 Prozent Frauen, die keine Cellulite haben. Warum wird uns restlichen 90 Prozent also bitte weisgemacht, wir wären die bemitleidenswerte Ausnahme und müssten ja wohl dringend etwas »für uns tun«.

Es gehört einfach mittlerweile zum guten Ton, »etwas für sich zu tun«. Wenn man keine Problemzone an seinem Körper hat, dann kann das nicht sein. Dann »tut man nichts für sich«.

Warum also ist es nicht okay, einen weiblichen Körper zu haben, denn Männer haben dagegen gar nichts einzuwenden. Ist es nicht immer der Mann, der einem ganz hilflos versichert, man wäre wunderschön, während man selbst zu Tode betrübt seine Maße mit denen von *Germany's next Topmodel* vergleicht? Man ist als junges Mädchen viel zu sehr damit beschäftigt, sich Hosen zu suchen, die einen schlanken Hintern machen, anstatt zu merken, dass Jungs auf dicke Hintern stehen! Was gibt es Weiblicheres als einen dicken, weichen Hintern? Es gibt keinen Mann (bis auf einige Ausnahmen, die jetzt bitte alle die Fresse halten!), der nicht auf weibliche Rundungen steht. Die Einzigen, die Interesse daran haben, dass wir uns auf immer und ewig zu fett und faltig finden, sind doch die Leute, die genau die Kosmetik verkaufen, mit der wir uns die Cellulite wegcremen sollen.

Wenn wir also selbst dafür sorgen würden, dass Cellulite salonfähig und sogar neues Schönheitsideal werden würde, dann könnte diese ganze Industrie einpacken.

Yeah! Was für eine geile Idee! Dann würde es bei McDonald's bestimmt die Cellulite-Wochen geben …

Jedenfalls hat mich in meinem Kampf gegen die Dellen der Satz eines Freundes sehr beruhigt, der sagte: Ach, Cellulite ist doch eh nur eine Frage der Beleuchtung.

Danke, diesen Satz lass ich mir auf den Hintern tätowieren.

Botox ist der absolute Verkaufsschlager in der Schönheitschirurgie. Man muss sich mal auf der Zunge zergehen lassen, was da genau vor sich geht. Frauen lassen sich Nervengift ins Gesicht spritzen, damit die Gesichtszüge gelähmt sind. Warum? Nicht weil der Arzt in Wirklichkeit ein Geheimagent ist, der mit dieser Folter die Wahrheit aus den Frauen herauspressen will. Nein, es geht darum, dass gelähmte Haut keine Falten mehr werfen kann. So einfach ist das. Und was ist das Ergebnis? Richtig, danach sehen alle Frauen gleich aus. Alle irgendwie so erschrocken.

Und welche weibliche Berufsgruppe lässt sich am häufigsten mit Botox die komplette Visage versteinern? Schon wieder richtig: Schauspielerinnen! Das passt doch nun wirklich nicht zusammen, oder? Die legen sich selbst ihr Arbeitsmaterial lahm, weil sie gar keine Mimik mehr haben. Gut, wenn man mit Minimalmimik geboren wird wie Til Schweiger, dann muss man das »Beste« draus machen. Aber sich vorsätzlich die Mimik wegspritzen lassen? Was für ein Schwachsinn! Das ist so, als würde man einem Schreiner die Hände abhacken. »Hab ich mir machen lassen. Sieht doch gut aus, oder? Gut, ich kann jetzt nicht mehr arbeiten, aber mir gefällt es.« Oder als würde Naddel sich die Titten wegmachen lassen, was bleibt dann noch? Vielleicht haben Schönheitskliniken heutzutage so eine Tafel vor der Tür, wie man sie auch oft vor einem Restaurant sieht: »Heute im Angebot: erschrocken gucken!« – »Oh, prima, das nehm ich … Können sie mir so 'nen erschrockenen Gesichtsausdruck machen?« Halten wir noch mal fest: Schauspielerinnen lassen sich mit Botox das Gesicht lahmlegen und gehen dann zum Casting, wo sie was vorspielen sollen. »Seien sie mal traurig.«

»Und jetzt gucken sie mal freundlich … und jetzt ängstlich … und jetzt erschrocken … Also erschrocken, das kann sie gut!«

Und das Schlimmste daran ist ja, dass die Frauen – egal ob Schauspielerinnen oder nicht – das nur machen, weil sie glauben, dass Männer es gut finden, wenn man erschrocken guckt. Wahrscheinlich finden es Männer tatsächlich immer dann gut, wenn sie ihre Hose aufmachen: »Nein! Der ist ja riesig! O mein Gott.«

Es gibt aber auch noch andere Arten, sich die

Falten aus dem Gesicht bügeln zu lassen. Letztens hat eine Frau in einer Sendung gesagt: »Also, ein operativer Eingriff kommt für mich nicht infrage. Ich lass mir jetzt Goldfäden ins Gesicht ziehen.« Hä? Und der Arzt: »Ja, das funktioniert folgendermaßen: Weil ein Fremdkörper im Gewebe ist, ist es eine Wunde, und weil es eine Wunde ist, schwillt es an.« Hä? »Ja und weil's dann angeschwollen ist, ist die Haut halt gestrafft.« Was? »Die ganze Prozedur kostet 2600 Euro!« WAT!!?? Die Alte kann mal bei mir vorbeikommen, dann gibt es für 500 Euro was aufs Maul. Ist billiger, und die Fresse ist auch angeschwollen. Das Leben könnte so einfach sein.

Aber die Stirn ist ja noch lange nicht alles, was sich die Frau von Welt heutzutage restaurieren lässt. Und immer wieder sind es natürlich die mehr oder weniger prominenten Frauen aus den USA, die mit »gutem« Beispiel vorangehen. Was sagen die Mädels in Hollywood eigentlich immer zu ihren Ärzten, wenn sie sich ihr Gesicht machen lassen? »Ich würde gerne so aussehen wie eine Katze?« Nach der OP sehen sie nämlich tatsächlich aus wie eine Katze. Allerdings wie eine, der man jahrelang mit einem Bügeleisen ins Gesicht geschlagen hat. Da sitzt ja dann wirklich gar nichts mehr an der richtigen Stelle. Ich glaube, die müssen danach alles wieder neu lernen. Essen zum Beispiel. Wenn die nach einer Gesichts-OP wieder zu Hause sind, landet der Spinat die ersten Wochen immer im Ohr anstatt im Mund. Der einzige Vorteil, den man hat, wenn man sich die Gesichtshaut nach hinten ziehen lässt, ist, dass man den Kopf nicht mehr bewegen muss, wenn man im Auto den Schulterblick macht. Die Augen sind ja dann eh an den Schläfen. Gibt es nicht günstigere Methoden, wenn man so ein Gesicht haben will? Vor 'nen Zug schmeißen? Oder den Kopf 'ne halbe Stunde in die Mikrowelle halten? Da muss es doch was geben.

In Deutschland wollen die Frauen ja zum Glück noch nicht so aussehen wie eine überfahrene Katze. Aber die »prominenten« deutschen Ladys haben den Trend aus Hollywood natürlich längst für sich entdeckt. Vor ein paar Jahren hätte man folgende Frage zum Beispiel nicht eindeutig beantworten können. Was hat Chiara Ohoven im Gesicht? a) Lippen oder b) ein Schlauchboot? Irgendwie wären beide Antworten richtig gewesen. Aber wehe, man hat sie auf ihre aufgeblasenen Lippen angesprochen, da kam dann eine Antwort so ähnlich wie: »Ich hab mir die Lippen nicht aufgespritzt, das wirkt jetzt vielleicht so, weil ich mir die Haare gefärbt habe.« Aaaahhhh!!! Bei der denke ich immer nur: »Dir hat der liebe Gott deinen Mund auch nicht zum Reden gemacht.« Ist aber auch wieder Quatsch, wenn der liebe Gott ihren Mund sowieso nicht gemacht hat, sondern irgendein Kurpfuscher. Man darf nur nicht vergessen, dass die Ohovens ja nicht für ihre »Schönheits«-OPs berühmt sind, sondern weil sie Charityladys sind. Das heißt, sie geben sündhaft teure Partys, auf denen sich Botoxmonster tummeln, um Geld für einen guten Zweck zu spenden. Und dann laden sie sich alle Kamerateams von allen Sendern ein, damit jeder in Deutschland sieht, dass sie Gutes tun. Normalerweise sagt man ja: »Tu Gutes und sprich nicht darüber.« Aber bei den Ohovens würde es keiner glauben, wenn nicht die Presse darüber berichten würde. Mich können die nicht täuschen. Nur weil die Ohovens Lippen haben, die aussehen wie Frankfurter Würstchen, müssen sie ja noch lange nicht wissen, wie man Kinder in Afrika vor dem Verhungern rettet. Ich habe die Theorie, dass es so eine Art Aufnahmeprüfung für Charityladys gibt. So 'ne Abendschule für Benefizbitches. Da könnte es dann so ablaufen:

»Chiara, ich hab hier deine Abschlussprüfung zur staatlich geprüften Charitylady, und da sind dir doch hier und da einige kleine Fehler unterlaufen. Die Kinder in Afrika haben nicht deshalb so dicke Bäuche, weil sie die ganzen Fliegen essen, die sie sich von den Augen wischen.

Und ein Tsunami ist kein japanischer Sportwagen, und somit sind Tsunamiopfer auch nicht die Leidtragenden eines Verkehrsunfalls. Und ganz wichtig, Chiara, AIDS steht für Acquired Immune Deficiency Syndrome und nicht für ›Ab in den Sarg‹, wie du fälschlich vermutet hast.

Allerdings wusstest du, dass im Krisengebiet Äthiopien im Bergland der schwarze Leopard anzutreffen ist, aus dessen Fell deine todschicke Jacke gewonnen wurde. Herzlichen Glückwunsch, Chiara. Du hast bestanden!!!«

Aber genug von aufgespritzten Lippen, es gibt ja noch so viele andere schöne Sachen, die man sich operieren lassen kann: Nase, Augen, Ohren, Mund, Kopf, Gesicht, Fuß – und viel zu selten leider das Gehirn. Was die Leute sich alles operieren, das ist echt unfassbar. Und die armen Kinder wachsen dann mit diesen zurechtgesägten Monstern auf. Kinder sehen ja schon direkt nach dem Abnabeln jede Menge Silikontitten, auch wenn sie nicht gestillt werden. Auf Plakaten, im Fernsehen, in Zeitungen, überall. Wie normale, echte Brüste aussehen, wissen die meisten Kids heutzutage doch gar nicht mehr. Die denken, Titten, das wären wirklich diese angeschraubten Tupperdosenschalen. Und viele junge Mädels kriegen deswegen Depressionen. Es gibt, glaube ich, nicht ein pubertierendes junges Mädel mehr, das denkt: »Och, mein Körper ist eigentlich so ganz okay.« Wenn man heutzutage keine Probleme mit dem eigenen Körper hat, gehört man einfach nicht mehr dazu. Deswegen sagen immer mehr Teenies: »Ich bin voll depressiv. Meine Titten, die gucken nicht nach oben.« Also, ich würde mir voll beobachtet vorkommen, wenn mich meine Brüste den ganzen Tag anglotzen würden. »Meine Brüste gucken nicht nach oben, und mein Knie ist nicht das Dickste an meinem Bein, ich habe Depressionen.« Und wenn man die nachweisen kann, dann kriegt man die Schönheits-OP sogar von der Krankenkasse bezahlt. Würde mich nicht wundern, wenn es mittlerweile schon so typische Angebote gibt wie: »Titten-OP!! Heute drei zum Preis von zwei.« Neue Brüste sind halt heutzutage so normal wie 'ne Zahnfüllung. Jedes zehnte Mädchen in Deutschland hat bereits einmal über eine Schönheits-OP nachgedacht. Und das Erschreckende daran ist, 40 Prozent der Eltern dieser Mädchen würden das sogar erlauben, weil sie wollen, »dass mein Kind glücklich wird«. Ist es denn nicht erstrebenswerter, aus seinem Kind einen selbstbewussten Menschen zu machen? Eine Operation kann ein mangelndes Selbstwertgefühl doch nicht einfach wegschneiden so wie in der unsäglichen Sendung *Extrem schön!*, für die der Erfinder früher oder später in die Hölle kommen wird. Da werden »hässliche Frauen« (sie werden zudem extrem schlecht beleuchtet!) umsonst operiert und umgestylt und dann neu und frisch ihren (immer noch hässlichen) Familien vorgeführt. Die sind alle ganz gerührt und fangen an zu weinen, wobei man nicht genau weiß, ob sie wirklich gerührt sind oder einfach nur ihre Frau oder Mutter nicht mehr wiedererkennen.

Früher, da hat man sich ein gebrauchtes Auto oder 'ne Couch zum achtzehnten Geburtstag gewünscht. Heute wollen die Mädels keine Autos mehr, sondern nur noch die Hupen. Weil alle so schön sein wollen wie die Mädels auf dem Cover. Aber macht euch nichts vor, morgens ohne Make-up und vor allem ohne Photoshop sehen die auch alle aus wie hingekackt und hingeschissen. Apropos, es gibt sogar Menschen, die lassen sich das Arschloch bleichen. Da frage ich mich: Warum? Und vor allem: Wie? Wie wird das gemacht? Mit Schmirgelpapier? Und zahlt das auch die Krankenkasse? Wie erklärt man das denen? »Manchmal gehe ich nackt, nach vorne gebückt und rücklings am Spiegel vorbei. Und wenn ich dann zufällig genau in meinen Darmausgang gucke, dann bin ich voll traurig, weil da alles so dunkel ist?« Das ist doch rausgeschmissenes Geld! Einmal kacken und alles ist wieder werwolfbraun. Und das ist nicht das Einzige, was man am Arsch alles machen lassen kann. Man kann sich allen Ernstes den Arschspeck absaugen und ins Gesicht spritzen lassen. Wer so was macht, ist für mich ein Arschgesicht, nicht mehr und nicht weniger.

Ich kann hier nur für mich sprechen, aber Titten, die mich den ganzen Tag anglotzen und »erschrocken gucken«, das ist alles nichts für mich. Ich glaube, wenn überhaupt, dann mache ich direkt die volle Umrüstung und lass mir aus meinen Hupen ein richtig stattliches Gerät zwischen die Beine dengeln. Und damit erschrecke ich dann jeden! »UAAAAH!« Da soll noch mal einer kommen: «Mein Säbel juckt!« Dann sag ich: »Mein Schwert auch, Freundchen!« Andererseits hat man damit schon wieder so viele Probleme. Ist man Links- oder Rechtsträger, oder ergibt sich das von selbst? Ich glaube, ich könnte auch gar nicht mehr arbeiten, weil ich ständig an mir rumspielen würde. Lass ich mich dann beschneiden? Und wenn ja, aus religiösen, aus hygienischen oder aus sexuellen Gründen? Muss man so eine

Penisnachbildung eigentlich unbedingt aus dem Unterarm entnehmen, oder kann man nicht das Nötige mit dem Nützlichen verbinden und am Arsch ein bisschen was wegschneiden? Ach, das ist mir alles zu kompliziert. Und ich schätze mal, bis man so was nur mal zum Ausprobieren – quasi 'nen »Pimmel to go« – machen kann, wird es wohl noch 'ne ganze Weile dauern. Bis dahin bleib ich dann doch lieber 'ne Frau, wische wie bisher einmal die Woche die Hölle feucht durch und gut ist.

Wissen macht »Au-Ah!«

Jetzt, wo Sie die vorherigen Kapitel dieses Buches gelesen haben, werden Sie die nachstehende Frage verstehen, die ich mir jeden Morgen aufs
Neue stelle: »Warum ist eigentlich so viel Mist in
meiner Birne?« Die Antwort ist ganz einfach, ich
habe nicht studiert, also ist sehr viel Platz in meinem Kopf. Und da haben es sich Naddel, Chiara
Ohoven, die Ex vom Effenberg, sämtliche Spielerfrauen und Kachelmann mit all seinen Lause-
mädchen über die Jahre so richtig gemütlich gemacht. Hätte ich in der Schule besser aufgepasst,
dann hätte ich heute vielleicht ein bisschen mehr
vernünftiges Zeug im Kopf und nicht nur *Gala*,
Bunte und *Bild*. Aber das hört sich leichter an
als getan, denn Aufpassen würde ja erst mal vo-
raussetzen, überhaupt am Unterricht teilzuneh-
men – habe ich aber nicht. Ich habe das gemacht,

was man in unserem Viertel während einer Unterrichtsstunde nun mal macht: auf der Toilette Zigaretten geraucht. Sicherlich keine Leistung, auf die man stolz sein kann, aber wir haben damals mit unserem Schulschwänzen immerhin einen Beitrag für unser Viertel geleistet. Denn nur durch uns Toilettenraucher hat es etwas gegeben, was sonst nur Kindern aus Arztfamilien vorbehalten war: Einzelunterricht. Meinen Lehrern ging es damals nämlich ähnlich wie mir, als ich das erste Mal aufgetreten bin: Es waren mehr Leute an der Tafel als im restlichen Klassenraum. Ja, wir haben wirklich nicht mehr Zeit als nötig innerhalb der Schulmauern verbracht, und trotzdem haben wir alle unser Abi noch hinbekommen. Ich sag nur Sport-, Musik- und Reli-LK. An dem Tag, als man sich für diese Leistungskurse anmelden konnte, sah es bei uns an der Schule für kurze Zeit aus wie in der guten alten DDR, wenn es im Supermarkt eine Kiste Bananen gab. Diese drei Kurse waren an unserer Schule voll, davon können Sie mal ausgehen – und bestimmt nicht, weil wir alle musikalische, gläubige Leistungssportler waren. Obwohl ich schon ein bisschen stolz bin, denn ich bin nicht nur zum Schlafen in den Musikunterricht gegangen. Ich habe dort auch ein Instrument erlernt, die Triangel. Und ich beherrsche sie bis heute virtuos. Was wir im Reli-LK gemacht haben, weiß ich nicht mehr. Ach so, doch: Jesus-bilder ausmalen! Das hat Spaß gemacht! Mit meinem Abitur hatte ich also genau zwei berufliche Perspektiven: entweder auf der Kölner Domplatte mit Kreide Jesusbilder ausmalen oder professionelle Triangelspielerin werden. Deshalb bin ich dahin, wo sie Leute ohne irgendeine Qualifikation mit Handkuss nehmen – zum Fernsehen.

Direkt nach der Schule habe ich tatsächlich ein Praktikum beim Fernsehen bekommen. Ich fand das geil. Ich fand, ich war die Größte: »Hey Leute, ich bin beim Fernsehen.« Und meine ganzen Kumpels so: »Ich gehe studieren.« Und ich: »Ist doch auch super, Leute!« Aber gedacht habe ich: »Dann macht's mal gut, ihr Flöten, ich gehe jetzt erst mal schön Fernsehen machen.« Ich habe beim Fernsehen auch echt 'ne ganze Menge gelernt: Kaffee kochen, kopieren und vor allem Bier trinken. Sagen wir mal so, Bier trinken konnte ich schon in der Schule sehr gut – damit haben die Kippen auf der Schultoilette einfach besser geschmeckt –, aber beim Fernsehen habe ich das Biertrinken perfektioniert. Allerdings wurde nicht ohne Sinn und Verstand gesoffen. Mein Chef hatte eine strikte Regel, an die man sich zu halten hatte: »Kein Bier vor vier«. Dazu muss man aber sagen, dass über seinem Schreibtisch eine Uhr hing, auf der jede Ziffer eine Vier war. Tja, und während ich beim Fernsehen kopiert und gesoffen habe, haben meine Freunde an der Uni kopiert und gesoffen. Allerdings nebenher noch studiert und so wissen die heute voll die coolen Sachen. Einer weiß, warum ein Auto fährt, wenn man mit dem Fuß aufs Gaspedal drückt ... Oder ein anderer Bekannter von mir, der weiß, warum diese dünnen Steine – diese Fliesen?! – kleben bleiben, wenn man sie an die Wand pappt. Und einer kann einem anderen sogar den Kopf aufschneiden. Da komm ich in den Knast für.

Jetzt muss man allerdings sagen, ich hatte schon einen schlechten Start in der Schule. Doch ich konnte nichts dafür, dass ich von Anfang an so scheiße war. Ich hab mit Mathe einfach nix anfangen können. Mathe war für mich immer nur ein Riesenarschloch! Ich hab das nicht verstanden. Das war wie ein schwarzes Loch für mich. Ich hab auf die Aufgabe gesehen, 4+5, aber das hat nichts mit mir gemacht. In meinem Kopf ging nix. Das Einzige, das mir zu 4+5 einfiel, war: »Die Fünf, die hat einen dicken Bauch, und die Vier hat einen spitzen Schnabel. Und das Plus, das ist ein Zaun, und da hüpfen die Vier und die Fünf drüber und bauen ein Haus.« Sosehr ich

■ **144**

auch versuchte, mich zu konzentrieren, ich hatte immer so ein Männchen in meinem Kopf, und immer wenn eine neue Aufgabe kam, hat es gesungen: »Lalalalalalala!« Und wenn ich dann mit leerem Blick auf die Rechenaufgabe gestarrt habe, hat mein Lehrer mich immer gefragt: »Rechnest du auch?« – »Jaaaa ..., lalaalalalalalalalalal!«

Es ist natürlich echt schlimm, wenn man nicht so viel in der Birne hat. Aber als Frau kann man damit ganz gut leben. Man muss sich nur zu helfen wissen. Wenn mich jemand was fragt, was ich nicht verstehe, wie zum Beispiel: »Wer wählt eigentlich den Bundesrat?«, sag ich nur: »Ähm ...? Wieso? Ist doch scheißegal, guck mir doch einfach auf die Titten.« Manchmal denke ich mir aber dann doch: »Komm, Carolin, das ist wichtig. Das musst du jetzt mal verstehen, das mit diesem Rentenreformgedöns.« Dann gehe ich zu meinem Vater und sage: »Erklär mir das. Wie ist das mit dieser Rentenreform? Wie funktioniert das denn?« In dem Moment weiß ich, ich muss jetzt ganz genau zuhören, und konzentriere mich wie wahnsinnig. Und während ich noch daran denke, wie wahnsinnig ich mich konzentrieren muss, hat mein Vater auch schon angefangen und ist mittendrin, und ich denke: »NEIN halt! Ich will doch noch zuhööö...« – »LALALALALALALALALA ...!!!«

Mein Gehirn und wichtiges, nützliches Wissen verhalten sich halt wie zwei gleichpolige Magneten: Sie stoßen einander ab.

Unnützes Zeug dagegen nimmt mein Hirn auf wie ein Schwamm, der die Wüste Gobi durchquert hat. Es gibt echt so viele Sachen, die man nicht wissen muss. Die keine Sau interessieren, und die weiß ich alle. Der schiefste Turm der Welt steht zum Beispiel nicht in Pisa, sondern in Deutschland. Der schiefe Turm von Pisa neigt sich gerade mal um 3,97 Grad. Ein Turm in Dausenau neigt sich sogar 5,24 Grad. Aber freut euch nicht zu früh, liebe Dausenauer, noch ist die U-Bahn in Köln nicht fertig. Ich weiß zum Beispiel auch, dass ein ausgewachsener Bartenwal bei einem Geschlechtsakt bis zu zwanzig Liter Sperma verschießen kann. Seit ich das gehört habe, wird mir immer schlecht, wenn ich einen Partyeimer Zaziki sehe. Apropos Sperma: Ein Teelöffel Sperma hat circa 7 Kalorien. Das ist für Models eine echte Zwickmühle. Schlucken sie, bekommen sie zwar den Job, aber sie passen nicht mehr in die Kleider. Auf der anderen Seite verbraucht man 150 Kalorien, wenn man eine Stunde mit dem Kopf gegen eine Wand schlägt. Wo hat man das denn bitte rausgefunden? In Guantanamo? Die Einzige, für die diese beiden Fakten interessant sind, ist Naddel: Wenn sie in einer Stunde 150 Kalorien verbraucht, dann kann sie danach 21 Löffel Sperma schlucken, ohne zuzunehmen. Guten Appetit, Naddel.

Ich habe echt total Angst, dass mein Kopf mit dem ganzen Mist bis oben hin voll ist. Dass da nichts mehr reinpasst, dass der Schwamm nichts mehr aufnehmen kann. Es wird aber jeden Tag immer wieder neuer unnützer Kram hineingestopft. Und deswegen habe ich halt die Panik, dass irgendwann irgendeine schöne Kindheitserinnerung rausfällt, um für irgendeinen Scheiß Platz zu machen. Irgendwann fragt mich mein Bruder: »Weißt du noch damals, Carolin, als wir in Omas Garten Fangen gespielt haben?« Und dann kann ich mich nicht mehr daran erinnern. Dafür weiß ich aber, dass ein Bartenwal mit nur einem Geschlechtsakt, vier Fünf-Liter-Eimer Zaziki vollpumpen kann. Ich hoffe, dass es so weit nie kommen wird.

Jetzt, wo Sie die vorherigen Kapitel dieses Buches gelesen haben, werden Sie die nachstehende Frage verstehen, die ich mir jeden Morgen aufs Neue stelle: »Warum ist eigentlich so viel Mist in meiner Birne?« … Das habe ich schon geschrieben, oder? O mein Gott, es fängt schon an.

Maskenball mit Stroh – mein Pornokonsum

Man muss es mal so sagen: Internetpornos haben uns den Arsch gerettet. O ja, so ist es. Vorbei sind die Zeiten, wo Geschäftsmänner morgens an der Rezeption eines Hotels stehen und nach einer Ausrede ringen, um ihre zehn Pornotitel auf der Rechnung zu erklären. »Ach, das waren Pornos? Ach, der Film hieß *Pimmel über Berlin*? Das war ein Versehen.« Heute muss man sich einfach nur ins W-LAN einloggen, und schon kann man sich die Mittagspause mit ein bisschen Heimarbeit verschönern. Das waren noch harte Zeiten, als die Jungs ihre Pornos auf einer Videokassette hatten, die sie dann vor ihrer Frau, vor ihrer Mutter oder vor beiden verstecken mussten. Da war Kreativität gefordert, wenn man gefragt wurde, warum auf der Kassette mit der Aufschrift *Pretty Woman* auf einmal *Trommelfeuer aus der Sackkanone* drauf war. Wie gesagt, Internetpornos haben vor allem für die Männer vieles besser und einfacher gemacht. Früher, da konnten die Jungs ihren *Playboy* zwei-, vielleicht dreimal benutzen, bis sie die wirklich guten Seiten nicht mehr auseinanderbekommen haben – ein iPad kann man abwischen. Mal ganz im Ernst: Warum kaufen sich wohl verpickelte Schüler, Kfz-Mechaniker und Rentner einen PC? Wohl kaum, weil sie eine Excel-Tabelle oder eine Powerpointpräsentation erstellen wollen, sie wollen Internetpornos. Kein Spießrutenlaufen mehr von der Pornovideothek bis nach Hause. Einfach den Internetverlauf löschen und fertig. Allerdings gibt es auch eine negative Seite der Internetpornos. Seit es Youporn gibt, heißen die »Filme« nur noch: *Susan's sucking hard, Vivian's inhaling deeper, Joanna's best Blowjob* oder *Susan, Vivian and Joanna are blowing them all together away* oder so ähnlich. Schade um die ganzen schönen Pornotitel. Um Märchenverfilmungen wie *Analadin und die wunde Schlampe,* Dokumentationen wie *Blowing for Columbine* oder Literaturverfilmungen wie *Der Club der roten Fister.*

Ich habe mir auf www.youporn.com auch schon so einiges reingezogen. Hand aufs Herz, die Geschichte, dass Frauen einfach nur an einen hübschen Prinzen denken müssen, um horny zu werden, sind einfach nicht wahr. Außerdem bin ich völlig fasziniert von diesen nimmersatten Höllenfrauen in den Pornos, die es so nötig von vorne, von hinten und als Sandwich brauchen ..., wie wir normalen Frauen das natürlich alle von uns selbst kennen. Am interessantesten finde ich ja, dass sie jedes Mal, wenn sie von hinten genommen werden (Ablaufpunkt 2 eines jeden Pornodrehbuchs), in so einer Mischung aus Schmerz und freudiger Überraschung versuchen, nach hinten zu schauen, um mit etwas Glück zu erfahren, wer denn der forsche Begatter überhaupt ist. Und was auch faszinierend ist: Jedes Mal, wenn der Mann sie anschreit: »Sag was Versautes!«, dann fällt denen tatsächlich immer sofort etwas ein. Respekt! Verdammt spontan diese Dreilochstuten. Ich gucke mittlerweile so viele Pornos, ich bekomme schon Empfehlungen, wenn ich auf die Youporn-Seite gehe, genau wie bei Amazon: Kunden, die *Prinzen im 18. Jahrhundert* gekauft haben, kauften auch ... Aber viele Sachen, die man bei Youporn und Co. sieht, sind weder sexuell antörnend, noch nett anzusehen. Nicht mal aus wissenschaftlicher Sicht kann man sich die reinziehen. Fast jeder kennt ja mittlerweile *Two Girls One Cup*, der Clip, in dem bulgarische Junkienutten für, nehme ich mal an, einen Schuss Heroin und ein Wurstbrot, ihre eigene Kotze essen. Das Einzige, was einem da kommt, ist die eigene Kotze … Was, wenn es so was gar nicht geben würde? Gäbe es Leute, die von selber draufkommen, wenn sie darauf stehen, dass ein bulgarisches Junkiemädchen die Kotze von einem anderen aufisst? Das ist wohl dieselbe Geschichte wie mit dem Baum, der umfällt, und keiner sieht's. Wir werden es nie erfahren.

Ich dachte jedenfalls, okay, jetzt hast du die krankeste Scheiße im Netz also auch gesehen. Bis ich *Two Guys One Horse* entdeckte. Ja, es ist das, was Sie denken. Und ja, das arme notgeile Kerlchen, das sich von einem ausgewachsenen Hengst hat bespringen lassen, ist dabei gestorben. Ich denke mal, so was will keiner in seiner Todesanzeige stehen haben. »Viel zu schnell und unerwartet verstarb unser geliebter Vater, Ehemann und Onkel Hans P. beim Dreh eines Pferdepornos an einem Darmdurchbruch.« Ich bin mir sogar ziemlich sicher, dass das wirklich niemand in seiner Todesanzeige haben will.

Ich stelle mir immer vor, wenn ich sterbe, komme ich an die Himmelspforte, und da warten alle meine toten Verwandten und Bekannten. Jetzt überlegen Sie mal: Der Typ aus dem Pferdeporno kommt da oben an, und alle sagen: »Nee, ne? Dein Opa Erwin ist im Krieg gefallen ... und du?«

Es kann auch andersrum laufen. Es gibt doch die Geschichte von dem Bergsteiger, der nur überlebt hat, weil er sich seinen eingeklemmten Arm abgeschnitten hat. Ich wäre schlicht und einfach nicht darauf gekommen! Und dann hätten im Himmel alle gerufen: »Mensch, Carolin! Der Arm, der Arm ...!« – »Och näää.« Und ich hätte mir mit der flachen Hand auf die Stirn geschlagen ... »Verdammt!«

Meine absoluten Lieblingspornos sind diese »privaten« Pornos. Da werden Frauen gefilmt, die gar nicht wissen, dass sie gefilmt werden. Ja! Ganz normale Frauen aus meiner Nachbarschaft! Meistens ist die Frau sich gerade nix ahnend am Fertigmachen – so wie wir Frauen uns halt immer fertig machen: Wir tragen beim Schminken immer unsere knappste Unterwäsche und unsre nuttigsten Stiefel. Wenn man sich in dieser Reihenfolge anzieht, wird's spätestens bei der Hose ziemlich spannend. Und wie die Frau sich da so stehen sieht, in Unterwäsche und Stiefeln, wird sie auf einmal todgeil auf sich selbst. Und weil die Frau in dem Porno ja nicht weiß, dass sie gerade gefilmt wird, fängt sie sofort an, stundenlang an sich rumzumachen und putzt bei der Gelegenheit mal eben schnell die Hölle durch. Wie immer halt. Ganz normal. Deshalb brauchen wir Frauen auch immer so lange, um uns fertig zu machen. Wir wollen uns nur ganz kurz umziehen, gehen dann zufällig nackt an einem Spiegel vorbei, sehen dabei unsere eigenen Titten und werden auf der Stelle todgeil ... Das ist echt hart, da kommt man zu nichts mehr: »Schatz, hast du die Wäsche gemacht?« – »Ich konnte nicht, meine Titten waren heute wieder so geil.«

Nun kommen wir zu der entscheidenden Frage in Sachen Pornos: Was muss man bei einem Porno am meisten machen? Spulen muss man am meisten. Den ganzen Anfang muss man wegspulen. Das ganze Gelaber (Ablaufpunkt 1) muss man auch vorspulen:

Er: »Warum liegt hier Stroh?«

Sie: »Warum hast du 'ne Maske an?«

Er: »Warum bläst du mir keinen?«

Sie: »Okay.«

Selbst das ganze Geblase und Gevögele (Ablaufpunkt 3 bis 4) kann man wegspulen, weil das Schönste immer am Ende kommt. Und was kommt immer am Ende von einem Porno? Nein, am Ende wird nicht geheiratet. Geheiratet wird nur in Frauenpornos. Es gibt tatsächlich Frauenpornos ...

Aber was soll ich sagen, auch die sind von Männern gemacht. Der einzige Frauenporno, den ich je gesehen habe, fing damit an, dass eine unglaublich coole Frau im Trenchcoat im Taxi sitzt und raucht. Der Taxifahrer schaut sie durch den Rückspiegel an und sagt: »Ma'am? Bitte machen Sie die Zigarette aus.« Die Frau schaut ihn an, lacht herablassend und raucht einfach weiter. Wow, die coolste Sau der Welt. Natürlich ist die Dame eine toughe Journalistin, die eine Reportage über einen Männerknast drehen soll. Doch sie haben sie nicht reingelassen in den Männerknast. Durch mysteriöse Umstände schafft sie es natürlich doch noch und landet schließlich im Lüftungsschacht des Gefängnisses. In eben diesem krabbelt sie an den Zellen der Männer vorbei, die gar nicht wissen, dass sie von einer Frau beobachtet werden. Und was machen Männer, die im Gefängnis sitzen und nicht wissen, dass sie beobachtet werden? Richtig, sie waschen sich nicht den Schweiß und den Schmutz von der Knastarbeit vom Körper. Sie setzen sich mit ihrem verschwitzten, vom harten Knastleben gestählten Body auf ihre Zellenpritsche und spielen Mützeglatze Schneemann. Das ist es also, was wir Frauen geil finden. Ja, ganz genau das ist es. Wir finden das toll! Da kann man super danebenstehen und anfeuern! Hopp, hopp, du schaffst es! Das ist doch quasi ein ganz normaler Porno, nur umgekehrt! Aber kein Wunder, alles, was es in Sachen Pornografie bisher gegeben hat, war eben nur *von* Männern *für* Männer.

Woher sollen wir Frauen also wissen, welche Pornos uns anmachen würden, wenn es eh nur die gibt, die männliche Fantasien bedienen. Wenn mich jemand fragen würde, was ist deine geheimste sexuelle Fantasie, dann wäre mir das schrecklich unangenehm. Nicht weil die so ekelhaft oder abgefahren wäre, sondern weil mir gar nix einfallen würde. Ich müsste mir irgendwas ausdenken. »Hm, es wäre ähm ..., schön, wenn du mal so, ähm ... Na ja, vom Stuhl springen und gackern würdest ... Puh.«

Und weil uns nunmal nix Besseres einfällt, wird am Ende eines »normalen« Pornos auch nicht geheiratet, sondern am Ende wird der Frau immer ordentlich ins Gesicht geschlotzt (Ablaufpunkt 5 – Finale). Weil wir Frauen das mögen ... Denk ich mal ... Weil wir Frauen so viele Nerven im Gesicht haben und es sich super anfühlt, wenn man lauwarme Mehlschwitze ins Gesicht gespritzt bekommt. Und es ist außerdem gut für die Haut. Ich habe heute Morgen auch wieder eine pflegende Spermamaske aufgelegt. Es gibt nichts, was eine Frau lieber im Gesicht hat. Außer Mett vielleicht.

Kann sich jeder im Internet unter www.youporn. com angucken. Natürlich nur, wenn man volljährig ist. Denn selbstverständlich gibt es bei www. youporn.com einen Jugendschutz. Bevor man die Pornos gucken kann, geht eine Seite auf, auf der steht:

»WARNING: This website contains explicit adult material.

You may only enter this website if you are at least 18 years of age.«

Und dann »muss« man zwischen zwei Möglichkeiten auswählen.

ENTER, wenn man achtzehn ist, oder LEAVE, wenn man noch keine achtzehn ist.

Und dann machen die ganzen Fünfzehnjährigen natürlich: »Och nööö. Ich bin noch nicht über achtzehn.« Und klicken dann alle auf LEAVE. Nein, die klicken natürlich auf ENTER. Und die Filmchen, die sich die Vierzehnjährigen dann da so auf Papas ungeschütztem PC angucken, haben natürlich Folgen für die ersten Frühlingsgefühle und die erste Liebe der Dreizehnjährigen. Früher wurden kleine Jungs noch von ihren Freunden gefeiert, wenn sie ihrer ersten Freundin endlich die Zunge in den Hals gesteckt hatten. Seit es Youporn gibt, sagen die Kumpels nur noch: »Was? Du hast ihr nur die Zunge in den Hals gesteckt?«

Die machen einfach alles mit ihrer Freundin nach, was sie da zu sehen bekommen.

Der Rest ist bekannt: Die Freundin wird schwanger, kriegt auf irgendeinem Bahnhofsklo ein Kind und kommt dann in so eine »Familie-im-Brennpunkt-Sendung«. »Isch hab nisch gewusst, dass isch schwanger bin. Isch bin auf dem Klo gegangen, weil isch gedacht hab, dass isch kacken muss, da kam der kleine Kevin raus. Dabei konnte das gar nisch sein. Okay, isch hab mit dem Justin gebummst, aber wir haben aufgepasst. Wir hatten das Licht aus und die Decke drüber!«

PUSSYTERROR LIVE ON STAGE

Ob Pubertätsverwirrungen, Fernsehkultur oder Konsumhaltung bis hin zum Porno: Mit starker Mimik und Stimme gesegnet, lässt Carolin Kebekus ihren Mädchen-Charme spielen, um dann hemmungslos zu pöbeln, Tabus zu brechen und das Publikum in Ekstase zu bringen. Die Kölnerin hat die Begabung den ganz normalen Wahnsinn unserer Gesellschaft bis ins Detail zu beobachten, zu parodieren und aufzudecken.

1 CD, Live-Mitschnitt, 2011, ISBN: 978-3-8371-0961-0, 15,99 €

www.wortart.de